# 安心学车

## 驾校学员实用指南 全新版

适用车型  C1/C2/C3/C4/C5（全国通用）

蒋仲杰 主编

解析难点 ➤ 轻松掌握
高清图解 ➤ 一目了然
精心编写 ➤ 适合新手
联想记忆 ➤ 简单速记

黄河出版传媒集团
阳光出版社

图书在版编目（CIP）数据

安心学车 / 蒋仲杰主编. -- 银川：阳光出版社，
2023.12
  ISBN 978-7-5525-7122-6

  Ⅰ．①安… Ⅱ．①蒋… Ⅲ．①汽车驾驶员-技术培训
-教材 Ⅳ．①U471.3

  中国国家版本馆 CIP 数据核字（2023）第 242158 号

**安心学车**　　　　　　　　　　　　　　　　　蒋仲杰　主编

责任编辑　胡　鹏
封面设计　鸿　图
责任印制　岳建宁

黄河出版传媒集团
阳　光　出　版　社　出版发行

出 版 人　薛文斌
地　　　址　宁夏银川市北京东路 139 号出版大厦（750001）
网　　　址　http://www.ygchbs.com
网上书店　http://shop129132959.taobao.com
电子信箱　yangguangchubanshe@163.com
邮购电话　0951-5014139
经　　　销　全国新华书店
印刷装订　洛阳诗幔印刷有限公司
印刷委托书号　（宁）0027791

开　　　本　889 mm×1194 mm　1/16
印　　　张　7
字　　　数　130 千字
版　　　次　2023 年 12 月第 1 版
印　　　次　2023 年 12 月第 1 次印刷
书　　　号　ISBN 978-7-5525-7122-6
定　　　价　89.00 元

# 目 录 CONTENTS

## 科目二 考试流程及注意事项

## 科目三 考试流程及注意事项

科目四 考试流程及注意事项

# 科目一考试流程及注意事项

## 一、驾考规范与流程

体检　两眼裸视力或矫正视力 4.9 及以上,无红绿色盲。

科目一【道路交通安全法律法规考试】　上机考试 ,45 分钟,100 道题,满分 100 分,90 分合格。

科目二【场地驾驶技能考试】　倒车入库、侧方停车、坡道定点停车和起步( C2 不考)、直角转弯、曲线行驶,满分 100 分,80 分合格。

科目三【道路驾驶技能考试】　实际道路驾驶技能考试,简称路考,满分 100 分,90 分合格。

科目四【安全文明驾驶常识考试】　上机考试,45 分钟,50 道题,满分 100 分,90 分合格。

## 二、科目一内容与标准

### 考试内容

1. 交通信号。

2. 道路通行。

3. 机动车登记等规定。

4. 机动车驾驶证申领和使用。

5. 道路交通安全违法行为和交通事故处理。

6. 其他道路交通安全法律、法规和规章。

### 考试标准

1. 判断题 40 题、单选题 60 题,共 100 题。

2. 每题 1 分,满分 100 分,90 分合格。

3. 考题类型分为文字题、图片题。

4. 每次约考当场 2 次考试机会。

5. 考试通过获得学习驾驶证明(有效 3 年)。

## 三、车型代码

### C 照车

| 车型代码 | 准驾车型 | 准允驾驶其他车型 |
|:---:|:---:|:---:|
| C1 | 小型汽车 | C2/C3/C4 |
| C2 | 小型自动挡汽车 | — |
| C3 | 低速载货汽车 | C4 |
| C4 | 三轮汽车 | — |
| C5 | 残疾人专用小型自动挡车 | — |
| C6 | 轻型牵引挂车 | — |

### 客货车

| 车型代码 | 准驾车型 | 准允驾驶其他车型 |
|:---:|:---:|:---:|
| A1 | 大型客车 | A3、B1、B2、M、C1、C2、C3、C4 |
| A2 | 重型牵引挂车 | B1、B2、M、C1、C2、C3、C4、C6 |
| A3 | 城市公交车 | C1、C2、C3、C4 |
| B1 | 中型客车 | C1、C2、C3、C4、M |
| B2 | 大型货车 | |

### 摩托及其他

| 车型代码 | 准驾车型 | 准允驾驶其他车型 |
|:---:|:---:|:---:|
| D | 普通三轮摩托车 | E/F |
| E | 普通二轮摩托车 | F |
| F | 轻便摩托车 | — |
| M | 轮式专用机械车 | — |
| N | 无轨电车 | — |
| P | 有轨电车 | — |

## 四、机动车登记新规

### 不予登记办理

| 申请危险货物运输车登记的,机动车所有人应当为单位。 | ①提交的证明、凭证无效。 |
| --- | --- |
| | ②提交的证明被涂改或者证明不符。 |
| | ③未经许可生产/进口。 |
| | ④机动车的型号/技术参数与公告不符。 |
| | ⑤机动车的车辆识别代码或者有关技术参数不符合国家安全技术标准。 |
| | ⑥达到强制报废标准。 |
| | ⑦机动车被检察机关、人民法院、人民检察院、行政执法部门依法查封、扣押。 |
| | ⑧机动车属于被盗抢骗的。 |
| | ⑨其他不符合法律、行政法规规定的情形。 |

### 【变更登记】

申请变更登记的,机动车所有人应当交验机动车。

确认申请信息,并提交以下证明、凭证:

①身份证明、登记证书、行驶证。

②属于更换发动机、车身或者车架的,还应当提交机动车安全技术检验合格证明。

③属于因质量问题更换整车的,还应当按照第十二条的规定提交相关证明、凭证。

小型、微型载客汽车因改变车身颜色申请变更登记,车辆不在登记地的,可以向车辆所在地车辆管理所提出申请。

### 【变更备案】

已注册登记的机动车有下列情形之一的,应当在信息变更后30日内,向登记地车管所申请变更备案:

①住所在辖区内迁移、姓名变更。

②身份证明变更、联系方式变更。

③车辆识别代号因磨损、锈蚀、事故等原因辨认不清或者损坏。

④小型、微型自动挡载客汽车加装、拆除、更换肢体残疾人操纵辅助装置。

⑤载货汽车、挂车加装、拆除车用起重尾板。

⑥小型、微型载客汽车在不改变车身主体结构且保证安全的情况下加装车顶行李架,换装保险杠等。

## 【转让登记】

**转让登记时限→**

已注册登记的机动车所有权发生转让的,现机动车所有人应当自机动车交付之日起30日内向登记地车辆管理所申请转让登记。

**转让登记前提→**

机动车所有人申请转让登记前,应当将涉及该车的道路交通安全违法行为和交通事故处理完毕。

**抵押/质押期间→**

1. 原机动车所有人、现机动车所有人、抵押权人共同申请,一并办理新的抵押登记。

2. 原机动车所有人、现机动车所有人、质权人共同申请,一并办理新的质押备案。

# 【变更登记】

同一机动车所有人名下的号牌需要互换,符合以下情形的,可以向登记地车辆管理所申请变更登记:

①两辆机动车在同一辖区车辆管理所登记。

②两辆机动车属于同一号牌种类。

③两辆机动车使用性质为非营运。

·申请前,应当将两车的道路交通安全违法行为和交通事故处理完毕。

·同一机动车一年内可以互换变更一次机动车号牌号码。

## 五、交通标志

标志主要分为指示标志、指路标志、警告标志、禁令标志。

### 易混淆标志、标线

指示标志

禁令标志

警告标志

指路标志

高速公路指路标志

旅游景区标志

指示标志

指示标志

直行车道

单行路
（直行）

会车先行

路口优先通行
（干路先行）

● 口诀：1.圆形是直行，多条线是车道，方形是单行。2.白色箭头方先行，红色箭头方让行。

**1.** 单选题 这个标志是何含义？

△ A. 直行车道

▲ B. 只准直行

△ C. 单行路

△ D. 禁止直行

**2.** 单选题 这个标志是何含义？

△ A. 单行路

△ B. 停车让行

▲ C. 干路先行

△ D. 两侧街道

非机动车车道

非机动车行驶

人行横道（新）

行人（新）

● 口诀：多条边指车道，有斑马线就是人行道。

**3.** 单选题 这个标志是何含义？

▲ A. 非机动车车道

△ B. 禁止自行车通行车道

△ C. 自行车专用车道

△ D. 停放自行车路段

**指路标志**

高速公路标志

国道编号

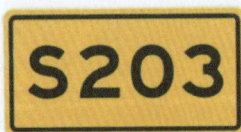

省道编号

县道编号

乡道编号

● 口诀：看拼音首字母，高（G）、国（G）、省（S）、县（X）、乡村（Y）。

**4.单选题** 这个标志是何含义?

▲ A. 国道编号

△ B. 省道编号

△ C. 县道编号

△ D. 乡道编号

**5.单选题** 这个标志是何含义?

△ A. 国道编号

▲ B. 省道编号

△ C. 县道编号

△ D. 乡道编号

露天停车场　　　　室内停车场　　　　错车道　　　　紧急停车带

●口诀:没有帽子就是露天,有帽子的就是室内。

**6.单选题** 这个标志是何含义?

△ A. 室内停车场

▲ B. 露天停车场

△ C. 专用停车场

△ D. 内部停车场

线性诱导标志

**7. 单选题** 这个标志是何含义?

△ A. 两侧通行

△ B. 左侧通行

△ C. 不准通行

▲ D. 右侧通行

左侧通行　　右侧通行　　两侧通行

● 口诀:白色斜线往左侧就左侧通行,往右侧就右侧通行,左右都斜就左右通行。

**高速指路标志**

服务区预告　　　停车区预告　　　停车场预告　　国家高速公路、　国家高速公路、
　　　　　　　　　　　　　　　　　　　　　　　省级高速公路　　省级高速公路
　　　　　　　　　　　　　　　　　　　　　　　起点　　　　　　终点

**警告标志**

向左急弯路　反向弯路　连续弯路　驼峰桥　路面不平　路面高突　路面低洼

● 口诀:一急,二反,三连续。

● 口诀:两个凸路面不平,一个凸路面高突,像桥的是驼峰桥。

8. 单选题 这是什么交通标志？

△ A. 易滑路段

△ B. 急转弯路

▲ C. 反向弯路

△ D. 连续弯路

9. 单选题 这个标志是何含义？

△ A. 驼峰桥

△ B. 路面低洼

▲ C. 不平路面

△ D. 路面高突

傍山险路　　　　　注意落石　　　　慢行　　　注意危险　事故易发路段

左右绕行　　　　左侧绕行　　　注意潮汐车道　　　双向交通

注意行人（新）　人行横道（新）　注意儿童（新）　行人（新）

● 口诀：看箭头的方向。

10. 单选题 这个标志是何含义？

△ A. 右侧绕行

△ B. 单向通行

▲ C. 左侧绕行

△ D. 注意危险

禁令标志、其他

禁止机动车驶入

禁止小型客车驶入

禁止车辆临时或长时停放

禁止车辆长时停车

禁止通行

禁止驶入

停车检查

● 口诀：正面指机动车，侧面指的是小型客车。

---

11. 单选题　这个标志提示哪种车型禁止通行？

△ A. 中型客车

△ B. 小型货车

△ C. 各种车辆

▲ D. 小型客车

---

限制速度

最低限速

建议速度

**标线**

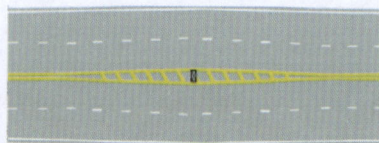

黄色虚实线禁止跨越
对向车行道分界线

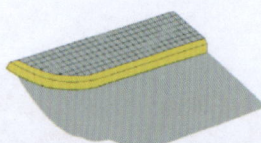

接近障碍物标线
不可跨越

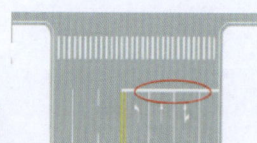

禁止路边临时或
长时停放车辆线

停止线

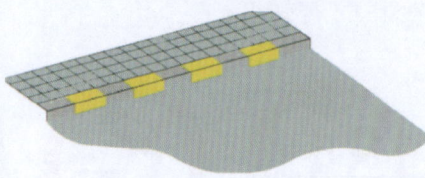

双黄实线禁止跨越
对向车行道分界线

潮汐车道线

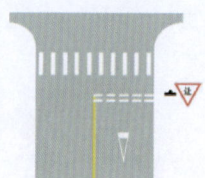

禁止路边长时
停放车辆线

减速让行线

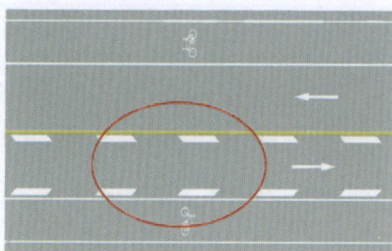

车行道纵向减速标线

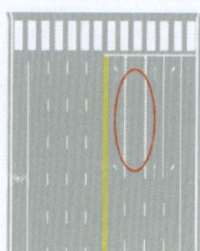

可变导向车道线

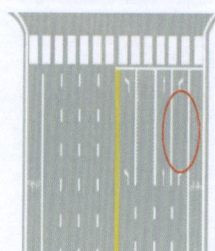

导向车道线

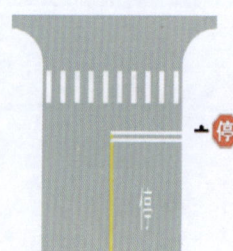

停车让行线

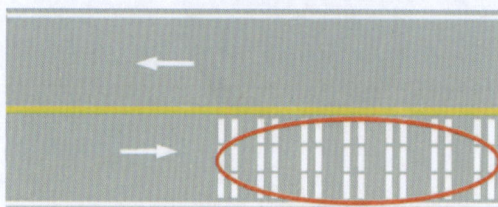

车行道横向减速标线

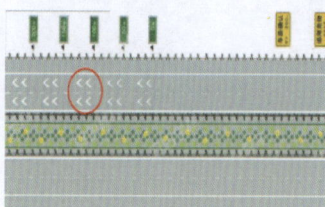

白色折线车距确认线

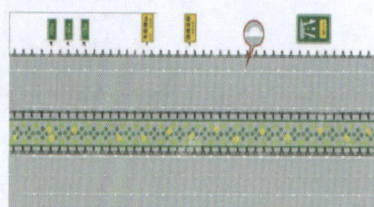

白色半圆状车距确认线

---

**12. 单选题** 路缘石上的黄色实线是何含义？

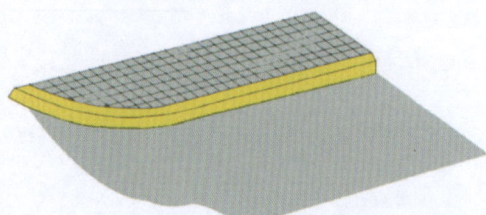

△ A. 仅允许上下人员

△ B. 仅允许装卸货物

△ C. 禁止长时间停车

▲ D. 禁止停放车辆

## 常见的标志、标线

禁令标志与标线

| 禁止向左转弯 | 禁止向右转弯 | 禁止直行 | 禁止掉头 | 限制速度 | 解除限制速度 |
|---|---|---|---|---|---|

| 限制宽度 | 限制高度 | 禁止超车 | 解除禁止超车 | 最低限速 | 最高限速 |
|---|---|---|---|---|---|

## 六、仪表开关

### 仪表盘

| 速度和里程表 | 发动机转速表 | 水温表 |
|---|---|---|

| 水温表 | 燃油表 | 燃油表 |
|---|---|---|

●口诀:观察数字大小,几百是速度和里程表,个位数是转速表。有温度计标志是水温表,有加油站标志是燃油表。

**13.** 单选题　这个仪表是何含义?

△ A. 区间里程表

△ B. 行驶速度表

▲ C. 发动机转速表

△ D. 百公里油耗表

**需手动开启的灯光**

前雾灯

后雾灯

近光灯

远光灯

左转向灯

右转向灯

前后位置灯

危险报警闪光灯

● 口诀:光在前就是前灯,光在后就是后灯,波浪斜杠就是雾灯,光线直的是远光,斜的是近光。

**14.** 单选题　机动车仪表板上(如图所示)亮表示什么?

▲ A. 前雾灯打开

△ B. 后雾灯打开

△ C. 前照灯近光打开

△ D. 前照灯远光打开

**15.** 单选题　机动车仪表板上(如图所示)亮表示什么?

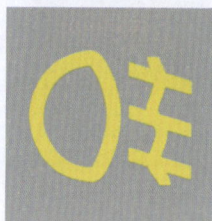

△ A. 危险报警闪光灯开启

△ B. 前照灯开启

▲ C. 前后位置等开启

△ D. 前后雾灯开启

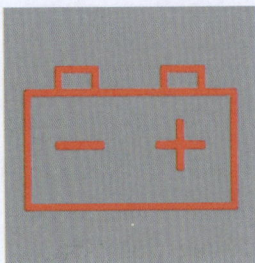

驻车制动　　充电电路故障　　发动机温度过高　　发动机控制系统故障

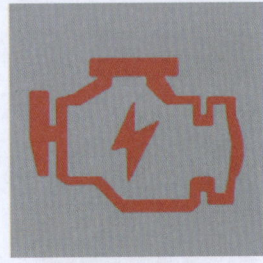

制动系统出现异常或故障　　未系安全带或安全带未插入锁扣　　冷却液不足　　机油压力过低或机油量不足

安全气囊故障　　防抱死制动　　发动机罩开启　　行李舱盖开启

左侧门未关闭　　右侧门未关闭　　两侧门开启　　燃油已到最低

**扇形是前,方形是后**

前风窗玻璃刮水器　　前风窗玻璃刮水器与洗涤剂　　后风窗玻璃刮水器与洗涤剂

上：前风窗除雾
下：后风窗除雾　　　迎面吹风　　　地板及迎面吹风　　地板及前风窗玻璃吹风

**车内开关**

空气外循环　　　　空气内循环　　　车门锁住开锁开关

儿童安全锁　　　冷风暖气风扇　　　车灯总开关

**速度相关**

离合器踏板（左）　　制动踏板（中）　　加速踏板（右）　　变速器操纵杆及挡位

驻车制动器操作杆（手刹）　　灯光信号组合开关　　　雨刮组合开关

**启动开关**

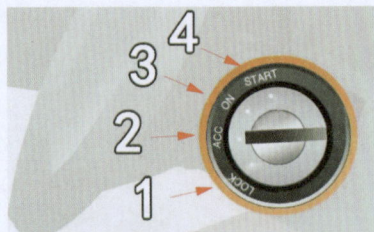

口诀:钥匙指向首尾第 **1** 和第 **4** 两个位置答对,钥匙指向第 **2** 和第 **3** 两个位置答错。

---

**16. 判断题** 将点火开关转到 ACC 位置起动机工作。

△ A. 正确

▲ B. 错误

---

(1) LOCK(锁):发动机熄火,方向盘转动一定角度就会被锁住,在此位置才可以拔下钥匙。

(2) ACC(部分电路打开):附属配备电路(如收音机)接通,该位置时发动机电路不通。

(3) ON(全部电路打开):发动机及全车附属配备电路全部接通。

(4) START(启动):启动发动机,发动机启动后要释放钥匙,钥匙会返回到"ON"位置,该挡位只用来启动发动机,行车时钥匙在"ON"位置。

# 七、意外事故处理

**车辆故障**

机动车发生故障难以移动时:

1. 灯光①白天:开启危险报警闪光灯;②夜间:开启危险报警闪光灯、示廓灯、后位灯。

2. 标志牌①普通道路:在车后 50—100 米放置;②高速公路:在车后 150 米以外放置。

**事故判断**

1. 可自行协商解决:

情形:事故轻微且无人员伤亡且成因无争议。

做法:拍照留证、自行撤离、恢复交通。

2. 不可自行解决:

情形:①事故严重②有人员伤亡③涉嫌违法④构成犯罪⑤逃逸⑥载运危险物品车辆⑦碰撞建筑物或公共设施⑧有争议⑨不能自行移动车辆。

做法:抢救伤员,保护现场,拍照留证,立即报警!

爆胎专题

轮胎爆裂、漏气车身摇摆不定→禁止紧急制动,易引起侧滑、翻车、交通事故→双手稳握方向盘控制方向、轻踏制动踏板抢挡利用发动机制动,缓慢平稳减速停靠。

爆胎原因:①轮胎气压过低②轮胎气压过高。

如何避免:定期检查、及时清理、更换损伤轮胎。

综合措施1

预防措施:行车前检查,视线不清不开车;车有异常不开车。

熄火:发动机熄火,禁止急转方向,禁止紧急制动,不要立即开启。

避让原则:先避人,后避物。

撞击:靠驾驶座一侧,蜷缩躲向副驾驶座;不靠驾驶座一侧,稳握转向盘、勾住踏板、背靠座椅。

高速制动:先减速再转向,适量修正,避免紧急制动。

制动失灵:行车制动失灵,控制方向,减速抢挡、避险车道、车体摩擦。

倾翻:双手紧握方向盘,双脚勾住踏板,背部紧靠椅背,不要跳车!

着火:禁止急转方向,禁止紧急制动,不用水灭火,用沙土、灭火器灭火。

综合措施2

侧滑:适量修正方向,前轮相反,后轮相同,禁止紧急制动。

落水:车内水快满时,砸窗或开门逃生。

高速公路:先减速后转向,禁止紧急制动,开启危险报警闪光灯,车移至紧急停车带,车后150米外放置警告标志。

防止二次事故:高速事故车辆上人员下车!

夜间:危险报警闪光灯+示廓灯、前后位灯+警告标志。

牵引:牵引车和被牵引车都要开启危险报警闪光灯。

# 八、现场医疗急救

## 医疗急救1

(先救命,后治伤)

1.失血:

①先止血。

②出血过多休克要保暖。

③不能用绳包扎,要用手帕、毛巾、三角巾、绷带、止血带或柔软且有宽度的物品。

④动脉出血,指压近心端动脉止血。

⑤静脉出血,指压远心端静脉止血。

**2. 骨折:**

①不要随意移动。

②先止血、包扎、再固定。

③脊柱骨折用三角巾固定,不能用软担架运送。

**3. 烧伤:**

①冷水喷灭身上火。

②常温清水持续冲洗烫伤部位。

③烧伤口渴喝盐水。

④起泡用塑料袋或保鲜膜覆盖保护。

## 医疗急救 2

**1. 中毒:**

①救助中毒伤员先自保。

②戴呼吸器或湿毛巾捂住口鼻。

③移到新鲜空气的地方。

④脱掉接触毒气的衣服。

⑤清水清洗暴露位置。

⑥原地等待可不行。

**2. 昏迷:**

①先检查呼吸。②搬运前先开放气道。③心肺复苏有要求。成人胸外按压频率 100~120 次/分钟。

**3. 被压:**

①设法移出。②不可生拉硬拽。否则放弃移出。

## 危险化学品

爆炸品:火药、炸药、起爆药。

易燃固体:火柴、硫磺、赤磷。

遇湿易燃固体:电石。

## 小提示:

①不能用水柱直接喷射易燃或腐蚀性液体。

②运输危险品应该按规定的时间路线行驶,司机应该清楚所运输危险品的应急措施。

**17. 单选题** 救助有害气体中毒伤员,首先采取的措施是什么?

△ A. 采取保暖措施

▲ B. 将伤员转移到有新鲜空气的地方

△ C. 进行人工呼吸

△ D. 进行胸外心脏按压

# 九、行车安全常识

## ABS 专题

1. ABS 作用:保证车轮在紧急制动时不会抱死,依然保持转向能力。

2. 启动方法:用力踏制动踏板,而不是间断轻踏制动踏板。

3. 注意事项:使用后还是有侧滑的可能,不可过分依赖。

4. 制动距离:制动距离在普通路面上会缩短,在雨雪湿滑路面上会增长。

5. 无 ABS:没有 ABS 的车,在紧急情况下,车易侧滑、漂移、旋转。

口诀:ABS 单选题找急字找死字,判断题缩短答错,没缩短答对。

**18. 单选题** 机动车仪表板上(如图所示)亮灯表示什么?

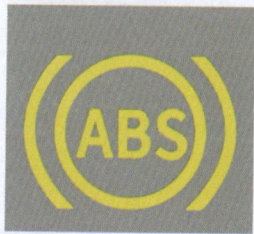

▲ A. 防抱死制动系统故障

△ B. 驻车制动器处于解除状态

△ C. 安全气囊处于故障状态

△ D. 行车制动系统故障

## 停车视距

车辆行驶时,从发现障碍物到制动停车,所需要的最短距离。

反应距离:反应制动→制动生效。

制动距离:制动生效→完全停住。

安全距离:完全停住→安全间距。

## 综合规定

1. 行人参与交通的主要特点:行走随意性大,方向多变,聚集、围观等,对驾车不利。

2. 直线行驶时,转向盘的操作量应与速度成反比,速度越快,操作量越少,转动转向盘的速度也越慢。

3. 临时停车应该顺行方向停,且距离路边缘应小于30cm。

4. 洒水车不受车辆分道行驶的限制。

# 十、通行原则

## 道路通行规定

### 1. 基础规则

右让左,弯让直,右侧先(直行时)。

### 2. 会车(减速靠右)

①山路会车:靠山体的一方让不靠山体的一方先行,因为靠山体的一方相对安全。

②坡道会车:下坡车让上坡车先行,若下坡车已经行驶至坡道中途,则下坡车先行。

③有障碍物会车:有障碍物的一侧让无障碍物的一侧,无障碍物的一侧优先通行。

④特殊车辆会车:遇到特殊车辆,需减速让行,特殊车辆包括警车、消防车、救护车及工程抢险车等。

口诀:辅路让主路,靠山让临崖,下坡让上坡,有障碍让无障碍,遇特殊车辆要让行。

### 3. 超车

①无条件不超车,超车时从左侧超越。

②提前开左转向灯,鸣喇叭变换远近光灯示意。

③超车结束驶回原车道时,提前开右转向灯,确认安全再变道。

④遇到后车发出超车信号,观察后减速靠右行驶让行。

### 4. 禁止超车

①前车正在左转弯、掉头、超车。

②与对面来车有会车的可能。

③前车为执行紧急任务的警车、消防车、救护车、工程救险车等特殊车辆。

④行经铁路道口、交叉路口、窄桥、弯道、陡坡、隧道、人行横道、市区交通流量大的路段。

⑤前车不让超。

⑥不具备超车条件的路面。

⑦行驶在校车同车道和相邻车道要停车等待,不得超车,行驶在其他车道可减速通行。

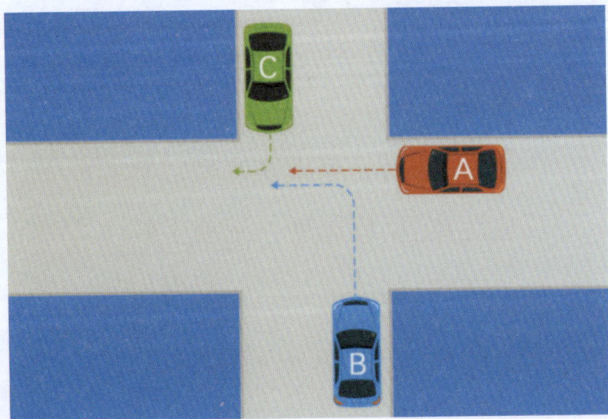

### 5.综合通行规定

①跟车:安全距离,依次排队,夜间跟车用近光。

②停车:提前开右灯,靠右停车,距离路边30cm。

③倒车:方向盘往哪边打,车往哪边倒,适量修正。

④夜间:会车时需在150米外改用近光灯,夜间起步需开左转向灯,有光源开近光灯。

### 礼让校车原则

| 同向一车道 | 同向二车道 | 同向三车道 |
|---|---|---|

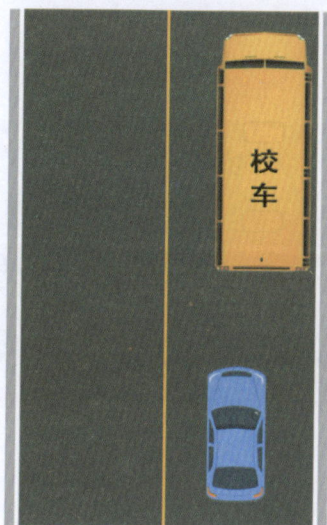 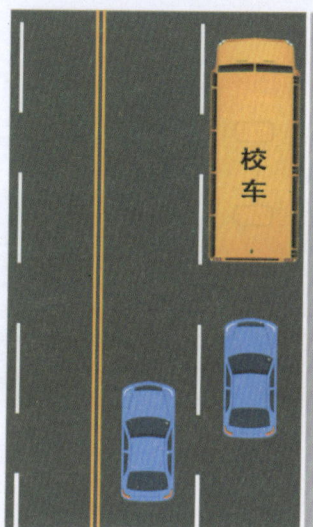 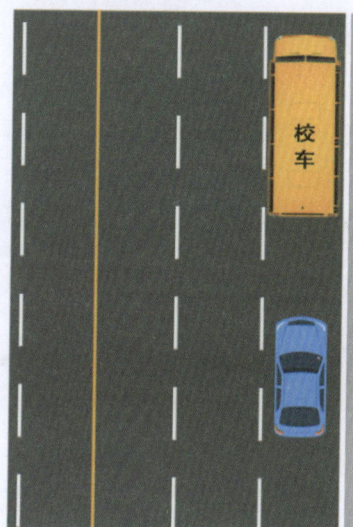

同方向1-2条车道,所有车道停车等待;

3条及以上车道,校车停靠,相邻车道要停车等待,其他车道可以缓慢通行。

## 十一、速度

### 1.高速公路

**高速公路同向三车道(最高120)**

左侧最低110 中间最低90 右侧最低60

**高速公路同向两车道(最高120)**

左侧最低100 右侧最低60

2.有/无中心线(口诀:城 3/5,公 4/7)

①无中心线:

城市道路 30

乡村道路 40

②有中心线:

城市道路 50

乡村道路 70

3.不能超过 30 的情况(口诀:题目中没有城市、没有公路,问不得超过多少公里每小时,找 30 公里每小时答题。)

19.单选题 在这段城市道路上行驶的最高速度不能超过多少?

▲ A. 30 公里/小时

△ B. 40 公里/小时

△ C. 50 公里/小时

△ D. 70 公里/小时

**20. 单选题** 在这条公路上行驶的最高速度不能超过多少？

△ A. 30 公里/小时
▲ B. 40 公里/小时
△ C. 50 公里/小时
△ D. 70 公里/小时

**21. 单选题** 驾驶机动车在冰雪道路行使时，最高速度不能超过多少？

▲ A. 30 公里/小时
△ B. 40 公里/小时
△ C. 50 公里/小时
△ D. 70 公里/小时

**22. 单选题** 驾驶机动车在泥泞道路行使时，最高速度不能超过多少？

△ A. 15 公里/小时
△ B. 20 公里/小时
▲ C. 30 公里/小时
△ D. 40 公里/小时

①进出非机动车道，通过铁路道口、急弯路、窄路、窄桥时。
②掉头、转弯、下陡坡时。
③遇雾、雨、雪、沙尘、冰雹，能见度在 50 米以内时。
④在冰雪、泥泞的道路上行驶时。
⑤牵引发生故障的机动车时。

### 4.优先级

优先级顺序:交通安全法<地方法规<明确的标志标线<交警指挥。

若道路设有限速标志则按照

标志牌上的限速行驶

若道路没有限定标志则按照

通行规定的速度行驶

### 5.高速公路

①上高速公路需要走加速车道。

②不能在匝道加速。

③不能在加速车道、匝道、减速车道超车。

### 6.高速公路的速度与车距

①车速超过100时,应当与同车道前车保持100米以上的距离。

②车速低于100时,与同车道前车距离可以适当缩短,但最小距离不得少于50米。

## 灯光

### 1.转向灯

开启左转向灯:

①向左转弯。②向左变更车道。③从匝道进入高速公路。④准备超车。⑤驶离停车地点。⑥掉头。

开启右转向灯:

①向右转弯。②向右变更车道。③驶离高速公路。④驶离环形车道。

⑤超车完毕驶回原车道。⑥靠路边停车时。

### 2.综合规定 A

①入环形车道不用开灯,驶出需要开右转向灯。

②牵引车和被牵引车,都应开启危险报警闪光灯。

③没有路灯的公路用远光灯。

④临时停车开启危险报警闪光灯。

### 3.综合规定 B

①雾天和高速能见度低于200米可以开雾灯。

②雪天、冰雪路面,不得使用远光灯和雾灯,会反射炫目。

③遇有雾、雨、雪、沙尘、冰雹等低能见度情况下行驶时,应当开启前照灯、示廓灯和后位灯,雾天还需开启雾灯。

④机动车在夜间通过急弯、坡路、拱桥、人行横道或者没有交通信号灯控制的路口时,应当交替使用远近光灯示意。

## 特殊天气

**雾天:**开启雾灯(只能雾天开启),高速公路行车按建议速度行车。

**大风:**双手握紧方向盘,扩大跟车距离,不可紧急制动,不可超车,必要时选择安全地点停车。

**雪天:**开启近光灯,保持安全距离,低速行驶,ABS 制动距离延长,低速行驶,不可紧急制动(轻踏或间歇踩踏)。

**下雨:**刚下雨时路面最滑,开近光灯降低车速,不可急刹车(轻踏或间歇踩踏),视线不清时不可继续行车,寻找安全地点停车。

**特殊天气:**需要根据不同天气开启相应灯光,按规定控制车距和车速,避免紧急制动(轻踏或间歇踩踏),安全第一。

## 高速公路行车速度规定

▷同向两车道 100  60

▷同向三车道 110  90  60

▷同向四车道 110  90  90  60

现场有交警指挥,按交警指挥通行。

有限速标志,按限速标志行驶。

高速最高车速 120km/h,最低车速 60km/h。

## 高速低能见度行车要求

| 口诀 | 能见度 | 车速 | 跟车距离 | 灯光 |
|---|---|---|---|---|
| 261 | <200m | ≤60km/h | ≥100 米 | 近光灯、雾灯示廓灯、前后位灯 |
| 145 | <100m | ≤40km/h | ≥50 米 | 近光灯、雾灯、示廓灯、前后位灯、危险报警闪光灯 |
| 520 | <50m | ≤20km/h | 尽快驶离 | |

## 高速公路

### 行车注意事项

实习期驾驶机动车上高速,应由持相应或更高准驾车型驾驶证三年以上的驾驶人陪同。

高速上,不得试车或者学习驾驶机动车。

### 驶入、驶出注意事项

驶入高速打左转,驶出高速提前打右转,不得从匝道直接驶入行车道,错过出口,继续行驶,下一个出口驶出。

### 跟车、变道注意事项

车速超过 100km/h,车距大于 100m;

车速低于 100km/h,车距不得小于 50 米;

高速公路,每次只能变更一条车道。

### 高速公路禁止行为

☐禁止在加速与减速车道、匝道上超车、掉头、停车、倒车。

☐非紧急情况禁止在应急车道行驶或者停车(-6 分)。

☐禁止长期骑、轧车行道分界线行驶。

☐禁止跨越中央分隔带掉头(-12 分)。

☐禁止倒车、逆行(-12 分)。

☐全挂拖斗车不得进入高速公路。

### 高速公路车辆故障处理

☐开启危险报警闪光灯。

☐将机动车移至应急车道或不妨碍交通的位置。

☐放置警告标志,转移车上所有乘车人到安全位置。

☐立即报警,等待救援。

**普通道路**:警告标志放在车后 50-100 米。

**高速公路**:警告标志放在车后 150 米以外。

高速公路发生故障不按规定使用危险报警闪光灯或者警告标志扣 3 分。

## 特殊道路

**急弯弯路**:首选减速靠右,鸣喇叭示意,右转转小弯,左转转大弯,注意对向来车,禁止急转方向、占道。

**下坡**:挂低速挡,不可空挡滑行,不可拉紧手刹(驻车制动器),不可紧急制动。

**山路**:不靠山体的一方先行,弯路或坡顶要减速靠右鸣喇叭。

下坡停车车轮向右转,车轮前面放置物品。

上坡停车车轮向左转,车轮后面放置物品。

**泥泞路段:**侧滑打方向(前轮相反,后轮相同),缓转修正;急踩加速易空转;陷入在驱动轮下铺砂石。

**过水路面:**先停车观察,再低速匀速缓慢通过。

**隧道:**保持安全行车距离,进入隧道前打开车灯(近光灯),进入隧道后关闭车窗,出隧道降低车速,不能停车、倒车、掉头、超车。

学校、小区、人行横道、公交站:保持安全间距、预防措施、减速禁鸣、遵守避让。

**铁路道口:**一停、二看、三通过。

**停车:**口 5 站 3,特殊路段 50 米内不能停车,特殊站点 30 米内不能停车。

**规则小结:**

①车速不可超过 30km/h。②禁止紧急制动。

③不可换挡、超车、变道、停车、掉头、逆行等。

④加大跟车距离,会车提前减速靠右鸣喇叭。

⑤夜间交替使用远近光灯。

# 安全文明行车

**注意事项:**

行车前:逆时针绕车一周,检查周边和车况,确认安全后开灯起步。

行车中:多观察,遵守交规、安全文明行车(连续驾驶 4 小时,休息 20 分钟以上)。

行车后:停车到位,保障车辆安全。

**综合规定:**

①机动车不得借用非机动车道路行驶,除非遇到执行紧急任务的特殊车辆。

②左转转大弯,当心身后非机动车,右转转小弯,当心对面右行行驶和身后的车。

③掉头的时候,对向车道太窄,在确认安全的情况下可以倒车。

# 十二、驾驶证相关知识

**类型**

C1:小型汽车

C2:小型自动挡汽车

C3:低速载货汽车

C4:三轮汽车

C5:残疾人专用小型自动挡汽车

C6:轻型牵引挂车(可牵引4.5吨以内的拖车)

小提示:①C1可以驾驶C1/C2/C3/C4。②C2只能驾驶C2。

③C3可以驾驶C3/C4。④C6需在C1/C2基础上增驾。

**申请条件**

1.年龄限制:C1、C2、C5、D、F→18周岁以上(70周岁以上需通过三力测试);

C3、C4→18—60周岁;A3、B1、B2、C6→20—60周岁;

A1、A2→22—60周岁(全日制驾驶职业学生,19—60周岁)。

2.视力要求:申请小型车驾驶证双眼裸视力或矫正视力4.9以上。

3.时间要求:①从科一通过时间算起,3年内需要考完所有科目;

②科二科三各有5次机会,第5次没通过,前期合格的项目也全部作废。

可驾驶的车型:

C1:C2、C3、C4    C2:只能驾驶自动挡    C3:C4、C5

**有效期**

1.驾驶证有效期6年、10年、长期。

每个记分周期均未记满12分的,换发新的机动车驾驶证(有效期超1年未满3年重新考科一即可)。

2.驾驶证过期立马作废。

3.领了新驾驶证后,旧驾驶证作废。

4.换证期限,信息变化30天,有效期满90天。

5.超过70岁不能继续驾驶轻型牵引挂车。

## 实习期

1.初次取得汽车类准驾车型或者初次取得摩托车类准驾车型后的12个月为实习期。

2.实习期内驾驶的车不能当牵引车。

3.实习期内扣完12分,注销驾驶证。

4.实习期驾驶机动车上高速,应当由持相应或者包含其准驾车型驾驶证三年以上的驾驶人陪同。

## 不得申请的情况

1.有妨碍安全驾驶的疾病。

2.3年内有吸食、注射毒品、戒毒未满3年的以及长期服用依赖性精神药品成瘾尚未戒除。

3.肇事逃逸构成犯罪。

4. 酒驾发生重大交通事故构成犯罪。

5. 驾驶许可被撤销未满 3 年。

6. 未取得驾驶证,发生负同等以上责任交通事故造成人员重伤或者死亡未满十年。

7. 3 年内有代替他人参加考试。

8. 提供虚假材料、有贿赂、舞弊行为申领驾驶证未满 1 年。

9. 醉驾、酒后驾驶营运机动车。

10. 追逐竞驶、超员、超速、违反规定运输危险化学品构成犯罪。

11. 醉驾营运机动车、其他违法行为(非酒驾)发生重大交通事故构成犯罪。

12. 因其他情形依法被吊销。

**口诀:假一吊二撤三醉五逃终生**

---

**23. 判断题** 有醉酒驾驶机动车行为的,五年内不得重新取得机动车驾驶证。

▲ A. 正确

△ B. 错误

---

## 驾驶证的撤销注销吊销

**撤销**

**已取得**

以欺骗、贿赂等不正当手段取得机动车驾驶证,撤销机动车驾驶许可,处 2000 元以下罚款,3 年不得申领驾驶证。

**未取得**

①虚假材料申领→500 元以下,1 年不得再次申领。

②贿赂、舞弊申领→2000 元以下,已通过的科目成绩作废。

**注销**

①驾驶人死亡。

②提出注销申请。

③身体条件不适合驾驶机动车。

④吸毒或长期使用依赖性精神药品。

⑤代替他人参加考试。

⑥超有效期一年以上未换证。

⑦70 岁以上,在一个记分周期结束后一年内未提交身体条件证明。

**吊销**

①醉驾。②酒后驾驶营运机动车。③追逐竞驶、超员、超速、违反规定运输危险化学品构成犯罪。④醉驾营运机动车。⑤其他违法行为(非酒驾)发生重大交通事故构成犯罪。⑥其他情形。

| 吊销不得申领 | 5 年 | 醉驾、酒后驾驶营运机动车,超员、超速、违反规定运输化学危险品构成犯罪 |
| --- | --- | --- |
| | 10 年 | 醉驾营运机动车、其他违法行为(非酒驾)发生重大交通事故构成犯罪 |
| | 2 年 | 因其他情形依法被吊销 |

## 两证两标一号牌

**相关规定**

1.机动车驾驶证电子版与纸质版具有同等效力。

2.涉嫌违法车辆,调查取证会被扣留机动车。

3.扣车无权扣货物。

4.机动车登记后,方可上道路行驶,未登记,须取得临时通行牌证。

# 十三、补领和换领及审验

## 补领换领的地点

行驶证:登记地车管所(机动车抵押也在登记地)。

**(车相关登记证书、号牌、行驶证)**

驾驶证:1.核发地车管所。2.核发地以外的车辆管理所(如:暂住地、居住地)。

**(人相关)**

申请 C 类证件考试期间,通过部分科目后,居住地发生变更,可申请变更考试地,在现居住地预约其他科目考试,申请变更考试地不得超过三次。

## 变更登记

已注册登记的机动车有下列情形之一,机动车所有人应当向登记地车辆管理所申请:

①改变车身颜色的;②更换发动机的;③更换车身或者车架的;④因质量问题更换整车的;

⑤机动车登记的使用性质改变的;⑥机动车所有人的住所迁出、迁入车辆管理所管辖区域的。

注:小型、微型载客汽车因改变车身颜色申请变更登记,车辆不在登记地的,可以向车辆所在地车辆管理所提出申请③②④。

## 审验

**小型汽车审验的情形有两种**

●一是发生事故造成人员死亡承担同等以上责任未被吊销驾驶证的,应当在记分周期结束后30日内到公安交管部门接受审验;

●二是驾驶证转到异地或者有效期满换证时,应当到公安交管部门接受审验。

**审验内容**

●道路交通安全违法行为

●交通事故处理情况

●身体条件情况

●道路交通安全违法行为记分

●记满12分后参加学习和考试情况

# 十四、责任判定

## 危险驾驶罪

①追逐竞驶,情节恶劣的;

②醉酒驾驶机动车的;

③从事校车业务或者旅客运输,严重超过额定乘员载客,或者严重超过规定时速行驶的;

④违反危险化学品安全管理规定运输危险化学品,危及公共安全的。

## 交通肇事罪

致一人及以上重伤,负事故全部或者主要责任,并具有以下情形之一的,以交通肇事罪定罪。处罚:

①酒后、吸食毒品后驾驶机动车辆的;

②无驾驶资格驾驶机动车的;

③明知是安全装置不全或者安全机件失灵的机动车辆而驾驶的;

④明知是无牌证或者已报废的机动车辆而驾驶的;

⑤严重超载驾驶的;

⑥为逃避法律追究逃离事故现场的。

## 交通肇事刑期

重伤、死亡或财产损失→3年以下或拘役。

逃逸或其他恶劣情节→3年—7年。

逃逸致死亡→7年以上。

# 十五、记分

## 记分分值

根据交通违法行为的严重程度,一次记分的分值为

记1分,记3分,记6分,记9分,记12分。

## 记分项

### 记1分

1. 不按规定使用灯光。

2. 不按规定会车。

3. 普路不按规定倒车、掉头。

4. 违反禁标和禁线。

5. 未系安全带。

6. 载货超长、宽、高。

7. 驾驶未按规定安检的普车。

**扣1分口诀:灯、会、掉、禁、安、检**

---

**24. 单选题** 驾驶机动车不按规定会车的,将被一次记多少分?

△ A. 1分

△ B. 2分

▲ C. 3分

△ D. 4分

---

### 记3分

1. 拨打、接听手持电话。

2. 高速路、城市快速路不按规定车道行驶。

3. 普路逆行。

4. 借道超车、占用对面车道/穿插。

5. 人行横道不减速、停车让行人。

6. 不按规定:①避让校车②安装号牌③超车让行。

7. 故障停车不按规定使用灯光或警告标志。

**扣3分口诀:电、道、逆、让、装、警**

**25. 单选题** 驾驶机动车不按规定超车、让行的,一次记多少分?

△ A.1 分

△ B.2 分

▲ C.3 分

△ D.4 分

**记 6 分**

1. 不按交通信号灯通行。

2. 违法占用应急车道。

3. 驾照暂扣、扣留期间开车。

4. 逃逸未犯罪,轻微伤、财产损失。

**扣 6 分口诀:信、占、扣、轻**

**26. 单选题** 驾驶人有下列哪种违法行为一次记 6 分?

△ A. 饮酒后驾驶机动车

△ B. 使用其他车辆行驶证

△ C. 高速公路车速超过规定时速 50% 以上

▲ D. 违法占用应急车道行使

**记 9 分**

1. 高速路、城市快速路违停。

2. 未悬挂、遮挡污损号牌。

3. 车型不符。

**扣 9 分口诀:停车、没号牌、不符**

**27. 单选题** 驾驶与准驾车型不符的机动车一次记几分?

▲ A.9 分

△ B.6 分

△ C.3 分

△ D.2 分

**记 12 分**

1. 酒驾。

2. 逃逸未犯罪—轻伤、死亡。

3. 伪造、变造、使用其他人牌证。

4. 高速路/城市快速路倒、掉、逆。

5. 替人接受记分/处罚牟取经济利益。

**扣 12 分口诀：酒、亡、伪、反、买卖分**

---

**28. 单选题** 驾驶人有下列哪种违法行为一次记 12 分？

△ A. 违反交通信号灯

▲ B. 使用伪造机动车号牌

△ C. 违反禁令标志指示

△ D. 拨打、接听手机的

---

## 记分规则

1. 记分周期 12 个月，满分 12 分。

2. 自初次领取驾驶证之日起连续计算，或自初次取得临时驾驶许可之日起累积计算。

3. 记分未达 12 分：罚款已缴纳→计分清除；罚款未缴纳→转入下一个记分周期。

记分满 12 分→重考科一

记分满 24 分→重考科一、科三（道路驾驶技能考试）

记分满 36 分→重考科一、科二、科三（道路驾驶技能考试）

记分减免：在一个记分周期内累计最高扣减 6 分

### ● 超速——扣分总结

| 车辆 | 超速 | 普通道路 | 高速、城市快速路 |
|---|---|---|---|
| 其他机动车(小型汽车) | 20%—50% | 3 分 | 6 分 |
|  | 50%以上 | 6 分 | 12 分 |
| 校车/中型以上客车/危险物品运输车(校中危) | 10%—20% | 1 分 | 6 分(20%以下) |
|  | 20%—50% | 6 分 | 12 分(20%以上) |
|  | 50% | 9 分 |  |

● 号牌→扣分总结

不按规定按照扣 ➡ 扣 3 分

未悬挂、遮挡、污损 ➡ 扣 9 分

伪造、变造、其他扣 ➡ 扣 12 分

● 扣分消除

①因避让执行任务的特种车辆。

②机动车被盗抢期间发生的。

③有证据证明救助危难或紧急避险造成的。

④现场已被交通警察处理的。

# 超员→扣分总结

**扣分新规总计**

| 超过核定人数 | 7 座以下/其他客车 | 7 座以上 |
|---|---|---|
| 20%以下不扣分 | | |
| 20%—50% | 3 分 | 6 分 |
| 50%—100% | 6 分 | 9 分 |
| 100%以上 | 12 分 | 12 分 |
| 校车/公路客运汽车/旅游客运汽车(校客旅) | 20%以下扣 6 分 | |
| | 20%以上扣 12 分(翻倍) | |

# 超载→货车扣分总结

| 超载 | 货车扣分总结 |
|---|---|
| 30% | 1 分 |
| 30%—50% | 3 分 |
| 50%以上 | 6 分 |

# 疲劳驾驶→扣分总结

| 疲劳驾驶扣分 | 口诀 | 扣分 |
|---|---|---|
| 中型以上载客汽车 | 货 3 客 9 | 9 分 |
| 载货汽车 | | 3 分 |
| 连续驾车 4 小时停车休息,休息时间不得少于 20 分钟 | | |

# 十六、罚款

**20-200**

①补领新证用原证;②实习期单独上高速与未贴实习标;③特殊车辆驾驶人信息 30 日内未变更;④轻微事故应撤未撤造成堵塞,罚 200。

**200-500**

①逾期未审验机动车;

②以隐瞒、欺骗手段补领机动车驾驶证;

③身体不适合驾驶机动车仍继续驾驶。

**200-2000**

**罚款 200-2000 元+吊销驾驶证**

· 超速 50%,将机动车交无证的人驾驶、驾驶拼装、报废的机动车。

## 罚款 200-2000 元+15 日以下拘留

**吊销、暂扣驾驶证期间驾车**

· 肇事逃逸,尚不构成犯罪。

· 强迫他人违法造成事故,尚不构成犯罪。

· 违反交通管制不听劝阻。

· 损毁交通设施造成危害,尚不构成犯罪。

· 非法拦截、扣留车辆,造成交通阻塞或财产损失。

## 罚款 200-2000 元+收缴/拆除

· 非法安装报警器、标志灯具

**1000-2000**

①初次饮酒→扣 12 分+暂扣 6 个月驾驶证;

②再次饮酒→吊销驾照+10 日以下拘留。

**2000-5000**

## 罚款 2000-5000 元+收缴/扣留机动车+15 日以下拘留

伪造、变造或者使用伪造、变造的机动车登记证书、号牌、行驶证、驾驶证。

## 罚款 2000-5000 元+收缴/扣留机动车

使用其他车辆的机动车登记证书、号牌、行驶证、检验合格标志、保险标志。

● **选项为文字**

**答题技巧:**选项中有罚找罚,没罚找吊销。

例:1. 题目中有【报废】,找【吊销】

2. 题目中有【暂扣】,找【15 日以下拘留】

3. 题目中有【管制】,找【15 日以下拘留】

4. 题目中有【超过有效期一年未换证】,找【注销驾驶证】【未取得驾驶证仍上路行驶】,找【罚款并拘留】

5. 题目中有【使用伪造驾驶证】,找【罚款并拘留】

---

**29. 单选题** 将机动车交由未取得机动车驾驶证的人驾驶的,由公安交通管理部门处二百元以上二千元以下罚款,可以并处以下哪种处罚?

△ A. 处 15 日以下拘留

▲ B. 吊销驾驶证

△ C. 扣留车辆

△ D. 5 年不得重新取得新驾驶证

● **选项为数字**

**答题技巧:选项中有 200—2000 元的选项直接选**

例:1. 题目中有【补领事小】选【20—200】

2. 题目中有【逾期 250】选【200—500】

3. 题目中有【伪造事大】选【2000—5000】

4. 题目中有【欺骗补领】【逾期不审】【身体条件变化】选【200—500】

5. 题目中有【使用旧驾照】【实习期开挂车】选【20—200】

6. 题目中有【实习期】选【20—200】

7. 题目中有【饮酒、醉酒】选【1000—2000】

8. 题目中有【假材料】选【500】

9. 题目中有【贿赂】选【二千元以下】

10. 题目中有【审验教育、满分学习考试、减分弄虚作假】选【一千元以下】

**30. 单选题** 对驾驶拼装机动车上路行驶的驾驶人,会受到哪种处罚?

△ A. 处 15 日以下拘留

△ B. 依法追究刑事责任

△ C. 处 200 以上 2000 元以下罚款

▲ D. 吊销机动车行驶证

## 罚款题判断题

题目中出现 200、二百、两个 100、1000 以下、2000 以下都答√。

**31. 判断题** 非法安装警报器、标志灯具的将处 200 元以上 2000 元以下罚款。

▲ A. 正确

△ B. 错误

欺骗手段补换领 200—500 答√,管制与 200 出现答×。

**32. 判断题** 机动车驾驶证被依法扣押、扣留或者暂扣期间,采用隐瞒、欺骗手段补领机动车驾驶证的,由公安机关交通管理部门处 200 以上 500 以下罚款。

▲ A. 正确

△ B. 错误

### 判断题技巧

1. "上错下对":带有数字的罚款题,题目中出现"以上罚款"都打错,出现"以下罚款"打对(例:500 以上罚款选择错)。

**33. 判断题** 申请人以欺骗、贿赂等不正当手段取得机动车驾驶证的,公安机关交通管理部门收缴机动车驾驶证,撤销机动车驾驶许可,处二千元以上罚款。

△ A. 正确

▲ B. 错误

2.关于倍数罚款题:一般情况下,题目中"3倍"和"5倍"出现答√,其他的答✕。

**34.判断题** 组织、参与实施欺骗、贿赂等不正当手段取得机动车驾驶证牟取经济利益的,由公安机关交通管理部门处违法所得三倍以上五倍以下罚款,但最高不得超过十万元。

▲ A.正确

△ B.错误

## 代罚牟利答题技巧

| 买卖分牟取利益 | 个人 | 三倍、五万、12分 | 处支付经济利益三倍以下罚款但不超过五万元,扣12分 |
|---|---|---|---|
| | 组织 | 五倍、十万 | 处支付经济利益五倍以下罚款,但不超过十万元 |
| 审验教育 | 个人 | 驾驶人弄虚作假 | 罚款1000 |
| | | 代替参加审验教育 | 罚款2000 |
| | 组织 | 驾驶人弄虚作假 | 三倍、二万 |
| | | 代替参加审验教育 | |
| 取证罚款 | 欺骗贿赂——取得驾驶证 | 牟取经济利益 | 三倍、五倍、十万 |
| | 考试中——有贿赂舞弊行为 | | |
| | 提供虚假材料——申领驾驶证 | | |

## 距离题

1.有150直接选,没有150选最大的。

**35.单选题** 车辆因故障必须在高速公路停车时,应在车后方多少米以内设置故障警告标志?

△ A.25

▲ B.150

△ C.100

△ D.50

**36. 单选题** 驾驶小型载客汽车在高速公路上时速超过 1000 公里时的跟车距离是多少?

△ A. 保持 50 米以上

△ B. 保持 60 米以上

△ C. 保持 80 米以上

▲ D. 保持 100 米以上

2. 站 3 口 5

①公交站、消防站、加油站 30 米以内不能停车(不包含 30 米);

②交叉路口、铁道路口、急转弯路口、宽不足 4 米的窄路、窄桥、陡坡、隧道 50 米以内不能停车(不包含 50 米)。

**37. 判断题** 社会车辆距离消防栓或者消防队(站)门前 30 米以内的路段不能停车?

▲ A. 正确

△ B. 错误

**38. 判断题** 在距离铁道路口 50 米内禁止停放车辆。

▲ A. 正确

△ B. 错误

# 十七、刑罚

**相关知识点:**

1. 注意区别:违反交通运输管理法发生重大事故致人重伤、死亡,3 年以下;致人死亡后逃逸,3—7 年;逃逸致人死亡,7 年以上;

2. 违反交通运输管理法发生重大事故使公私财产遭受重大损失,处 3 年以下有期徒刑或者拘役。

3. 驾驶机动车在道路上追逐竞驶,情节恶劣,或在道路上醉酒驾驶机动车,处拘役,并处罚金。

**判断题:**最后两个字拘役√,徒刑✗。

**39. 判断题** 驾驶人违反交通运输管理法规发生重大事故致人重伤的可能判处 3 年以下徒刑或拘役。

▲ A. 正确

△ B. 错误

**选择题:** 选项中找拘役,三短一长选择最长;三下一上,直接选上。

**40. 单选题** 驾驶人违反交通运输管理法规发生重大事故致人重伤、死亡,可能会受到什么刑罚?

▲ A. 处 3 年以下徒刑或者拘役

△ B. 处 3 年以上 7 年以下徒刑

△ A. 处 5 年以上徒刑

△ B. 处 7 年以上徒刑

**选择题:** 四个选项中有 3 个带【未】字的,选择不带【未】字的。

**41. 单选题** 交通肇事致一人以上重伤,负事故全部或者主要责任,并具有以下哪种行为的,构成交通肇事罪?

△ A. 未带驾驶证

△ B. 未及时报警

▲ C. 严重超载驾驶的

△ D. 未抢救受伤人员

# 十八、交通标志大全

## ① 主标志

禁令标志、警告标志、指示标志、指路标志、旅游区标志、告示标志。

## ② 辅助标志

设在主标志下方,对其进行辅助说明的标志。

### ③标志颜色形状

| 标志类型 | 颜色 | 形状 |
|---|---|---|
| 禁令标志 | 红、白、黑、蓝 | 圆形、矩形、正八边形、倒等边三角形 |
| 警告标志 | 黄（荧光黄）、橙（荧光橙）、粉（荧光粉）、黑、红 | 正等边三角形、矩形、叉形 |
| 指示标志 | 蓝、白、红、黑、绿 | 圆形、矩形 |
| 指路标志 | 蓝、绿、白 | 矩形 |
| 旅游区标志 | 棕、白、彩 | 矩形 |

## 标志含义

禁令标志：表示禁止、限制及相应解除，道路使用者应严格遵守。

警告标志：表示警告驾驶人应注意前方有难以发现，需减速慢行或采取其他安全行动的情况。

指示标志：表示指示车辆、行人行进，道路使用者应遵守。

指路标志：表示警告驾驶人应注意前方有难以发现、需减速慢行或采取其他安全行动的情况。

## 禁令标志

禁止左转弯　禁止掉头　禁止向左向右转弯　禁止直行和向右转弯　禁止超车　解除禁止超车

**看图说话**

禁止机动车驶入　禁止小型载客汽车驶入　禁止大型载客汽车驶入　禁止挂车半挂车驶入　禁止非机动车驶入　禁止电动自行车驶入

**看图识别图**

限制宽度　限制高度　限制质量　最高限速40km/h　解除最高限速40km/h

**易混标志**

会车让行　会车先行　减速让行　停车让行　最高限速40km/h　最低限速50km/h　建议速度30km/h

口诀:小箭头让大箭头　　口诀:三减八停　　口诀:红高蓝低黄建议

**42. 单选题** 这个标志是何含义？

▲ A. 会车时停车让对方车辆先行

△ B. 前方是双向通行路段

△ C. 右侧道路禁止车通行

△ D. 会车时停车让右侧先行

**43. 单选题** 这个标志是何含义？

△ A. 不准车辆驶入

△ B. 不准长时间停车

▲ C. 停车让行

△ D. 不准临时停车

**44. 单选题** 这个标志是何含义？

△ A. 限制 40 吨重

▲ B. 限制最高时速 40 公里

△ C. 前方 40 米减速

△ D. 最低时速 40 公里

## 警告标志

**看箭头找方向**

上陡坡

下陡坡

连续下坡

左右绕行

左侧绕行

右侧绕行

双向交通

注意潮汐车道

注意车道数变少

线性诱导标志

向左急弯路　　反向弯路　　连续弯路　　左侧通行　右侧通行　两侧通行

**一急二反三连续**　　　　　　　　　　**三角在哪找哪侧**

45. 单选题　这是什么交通标志？

△ A. 易滑路段

△ B. 急转弯路

△ C. 反向弯路

▲ D. 连续弯路

46. 单选题　这是什么交通标志？

▲ A. 两侧通行

△ B. 左侧通行

△ C. 不准通行

△ D. 右侧通行

**以形找形**

十字交叉路口　　y型交叉路口　　T型交叉路口　　环形交叉路口　　注意合流

**看图说话**

注意行人　　　　　　　注意儿童　　　　　　注意残疾人

注意非机动车

注意电动
自行车

有人看守
铁路道口

无人看守
铁路道口

多股铁路与
道路相交

交通事故管理

驼峰桥

路面不平

减速丘

事故易发路段

注意积水

施工

## 指示标志

**看见箭头找方向**

分隔带右
侧行驶（新）

分隔带左
侧行驶（新）

单行路（直行）

分向行驶车道

掉头车道

**看图说话**

机动车行驶

小型客车车道

非机动车行驶

电动自行车行驶

有轨电车专用车道

货车通行

行人

非机动车与行人 共享空间通行

非机动车与行人分开空间通行

硬路肩允许行驶起点

硬路肩允许行驶即将结束

硬路肩允许行驶终点

非机动车推行

靠右侧车道行驶

开车灯

**易混标志**

人行横道

注意行人

## 指路标志

**看箭头找方向**

车道数增加

y型交叉路口

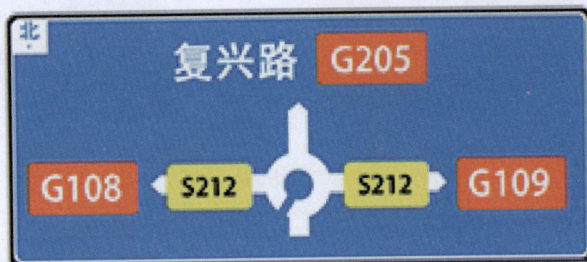

环形交叉路口

**看图说话**

应急避难设施(场所)

电动汽车充电站

电子不停车收费(ETC)车道

人工收费车道

高速公路编号信息

### 旅游标志

旅游区方向

旅游区距离

### 告示标志

违法抓拍

前方测速

## 十九、英文缩写

常见英文缩写

| 名称 | 英文缩写 | 记忆方法 |
|---|---|---|
| 紧急刹车辅助系统 | EBA | EB 同时出现：制动刹车 |
| 自动刹车辅助系统 | AEB | A 在最前：自动 |
| 电子制动力分配系统 | EBD | D 在最后：辅助 |
| 盲点监测系统 | BSD | 盲区事故必（B）摔（S）的（D） |
| 车辆盲点辅助系统 | BSA | A 在最后：辅助 |
| 实时交通信息系统 | TMC | T：交通 |
| 交通标志识别系统 | TSR | S：标识 |
| 偏离预警系统 | LDW | 偏离走歪（W） |
| 前方碰撞预警系统 | FCW | 防（F）止碰撞 |
| 车身稳定控制系统 | ESP | 平（P）稳 |
| 自适应巡航系统 | ACC | 巡看起来像 CC |
| 定速巡航系统 | CCS | 巡像 CC，定速（S）注意区分 ACC |
| 自动变道辅助系统 | ALC | A 在最前：自动变道是在路（L）上 |
| 随动转向前照灯系统 | AFS | 随（S）动 |
| 牵引力控制系统 | TCS/ASR/TRC | 长度较长的 |

其他英文缩写

| 名称 | 英文缩写 | 名称 | 英文缩写 |
|---|---|---|---|
| 胎压 | BAR | 前方碰撞预警系统 | FCW |
| 变道辅助 | LCA | 电子差速锁 | EDS |
| 可调避震 | ADS | 可变几何进气 | GAS |
| 加速防滑 | ASC | 全面安全防护 | OSE |
| 稳定控制 | ESA | 座椅自主调节 | ESS |
| 辅助防护 | SRS | 无离合电子手牌 | ITEC |
| 防潜保护 | ASPS | 自动式安全头枕 | SAHR |

## 安全辅助驾驶系统

1. 夜视系统(NVS)　　　　　2. 车身电子稳定系统(ESP)

3. 自适应巡航控制系统(ACC)　　4. 随动转向前照灯系统(AFS)

5. 车道偏离预警系统(LDW)　　6. 防碰撞预警系统(AWS)

7. 盲点辅助系统(BSA)　　　　8. 泊车辅助系统(APA)

---

**47. 单选题** 以下缩写中,表示车辆自适应巡航系统缩写的是什么?

△ A. FCW

△ B. BSD

▲ C. ACC

△ D. AEB

# 二十、新能源

## 电池使用的注意事项

### 【续航里程】

1.厂家标示续航里程:是特定条件下行驶里程,是一个参考数值。

2.实际可行驶里程:受到驾驶技术、车辆用电设备、路面状况、行驶速度、气温等条件影响。

3.实际可驾驶里程不一定等于厂家标示的续航里程,需参照电池管理系统及注意电量变化。

### 【低温特性】

1.电池最佳工作温度:25℃。

2.温度低于5℃:可能会出现显示充满实际却不足的假象,续航里程缩短20%~30%。

3.续航缩短原因:低温时电池出现不稳定,电阻较高,储电的能力相对较差,掉电归零严重,参照电池充电的注意事项。

### 【正确充放电】

1.过度充电、过度放电、充电不足都会缩短电池使用寿命,应避免频繁满充满放电。

2.过度充电易导致电池发热失控自燃,可参考平时使用频率及行驶里程,把控充电时间。

3.在充电过程中,当电池温度超过65℃,应停止充电。

4.正常行驶时,电量表红灯和黄灯亮了,表示应该去充电;只剩下红灯亮,应停止运行,尽快充电。

### 【电池充电的注意事项】

1.使用与车辆同型号的充电设备、专门的充电桩。

2.连接或断开插头时握住插头握把,不要触摸插头边缘,不要用湿手操作。

3.不要拉动充电电缆对插头施加过大的力,容易造成插头损坏,从而导致火灾或触电。

4.若充电插座浸入水中或被雪覆盖,则不要插入插头。

5.若充电插座浸入水中或被雪覆盖时需要断开插头,则先切断电路,再断开插头。

6.给电池充电时,要确保车辆完全断电,车内不要留人。

### 【新能源车驾驶注意事项】

起步:

1.电动汽车没有发动机和传统变速器,大部分车辆启动时没有声音,需注意周围行人。

2.电动汽车起步时提速比传统汽车要快,因此加速踏板要轻踩,防止驱动轮打滑空转。

控制车速：

1. 保持匀速行驶,因为反复加减速会使电量下降较快。

2. 匀速行驶时,要控制最高车速,因为超出经济时速时,车速越快电量下降越快。

**【车辆涉水】**

1. 涉水深度不要超过半个轮胎的高度(超过要绕行),匀速行驶,尽快通过积水路段。

2. 车辆如果泡水后,不要轻易启动车辆,应交由专业的维修人员进行处理。

**【安全辅助驾驶系统】**

利用安装于汽车上的各种传感器,在第一时间采集车内外的环境数据,通过对静态、动态物体的辨识、侦测与追踪等技术处理,使驾驶人在最短的时间内察觉可能发生的危险。

# 二十一、交警手势

● **交警手握长杆:左转弯待转信号**

答题技巧:手握"长"杆,选最"长"的选项——长选长。

● **交警手捂胸口:变道信号**

答题技巧:手捂胸口,联想成语胸闷气"短",选最"短"的选项——短选短。

● **双臂伸得很直:直行信号**

答题技巧:手伸的很"直"

选项中找"直",有直选直!

● **左手高举:停止信号**

注意:看到左手高举,就选"停";没有停,就选"不准通行",不准通行也就是停止的意思。

● 两只手一上一下：转弯信号，哪只手在下，就是向哪边转弯

答题技巧：如果分不清左右手的学员，请记住"胳膊上有臂章的是左手，没有臂章的是右手"。

左手在下：左转弯信号　　　　　　　　　　右手在下：右转弯信号

● 右手从高处往低处压：减速慢行信号

答题技巧：速度从高到低，就是减速，所以选减速慢行。

48. 单选题　这一组交通警察手势是什么信号？

▲ A.左转弯待转信号
△ B.左转弯信号
△ C.减速慢行信号
△ D.右转弯信号

## 交警手势记忆口诀

直行信号：双手从未放下

变道信号：右手水平摆动

减速慢行信号：单右手下压

左转弯待转信号：单左手下压

停止信号：左高右低要喊停

转弯信号：一只手掌心朝前，另一只手在下，哪只手在下，朝哪儿转

## 二十二、交通信号灯

**机动车信号灯**

**方向指示信号灯**

红灯：禁止通行
黄灯：确认安全后通过
绿灯：准许通行

红色代表禁止：箭头指示方向禁止通行
绿色箭头代表准许：箭头指示方向可以通行

直行绿，左转红，可以进入左弯待转区

### 易混信号灯知识

箭头指示灯为红灯，不能右转。

圆形信号灯为红灯，右转不受限制。
圆形信号灯为绿灯，可以掉头。
（注意辅助标志、虚线等）前方拥堵，即使绿灯，也不得进入。

### 车道信号灯

绿灯亮的车道可通行，红灯亮的车道禁止通行。

### 铁路道口信号灯

红灯亮，或者红灯闪烁，禁止通行。

**无人看守铁路道口：一停二看三通过**

---

**49.单选题** 驾驶车辆通过无人看守的铁路道口时，应怎样做？

△ A.加速通过
△ B.减速通过
△ C.匀速通过
▲ D.一停、二看、三通过

---

### 闪光警告信号灯

黄灯闪烁，确认安全后通过。

**看到黄灯，加速通过是错误的。**

## 二十三、灯光使用

### 转向灯使用

左转向灯的使用——向左的动作

【起步、掉头、左转弯、准备超车、向左变道】

右转向灯的使用——向右的动作

【向右变道、靠边停车、驶离高速、驶出环岛、右转弯、超车完毕驶回原车道】

## 不同路况灯光使用

**近光灯**

1. 夜间跟车、起步、窄路、窄桥；

2. 夜间会车；

（在距对向来车150米以外改用近光灯）

3. 夜间通过交叉路口、隧道内行车。

**远光灯**

夜间通过照明不良的路段。

（遇人、车时，需要改为近光灯）

**危险报警闪光灯**

1. 临时停车；

2. 车辆发生故障、事故；

（夜间同时开启示廓灯和后位灯）

3. 牵引故障车。

（牵引车和被牵引车均应开启危险报警闪光灯）

**交替远近光灯**

1.夜间通过急弯、坡路、拱桥、人行横道；

2.夜间通过没有交通信号灯控制的路口；

3.夜间超车、提醒对向来车关闭远光灯。

## 不同天气灯光使用

雾天【只有雾天开雾灯】

| 雾灯 | 示廓灯 | 前照灯 |

| 后位灯 | 危险报警闪光灯 |

其他低能见度气候【雨、雪、沙尘、冰雹】

| 前照灯 | 示廓灯 |

| 后位灯 | 危险报警闪光灯 |

## 灯光随路面变化情况

**由远变近**

1.屏障的弯道

2.进入一侧有山体

3.驶近或驶入上坡道

4.到达坡底的低谷地

**由近变远**

1.进入下坡道

2.弯道变为直路

3.下坡道驶入平路

4.缓下坡变为陡下坡

**灯光离开路面**

1. 到达坡顶

2. 急转弯

3. 路面有大坑

**由路中间移向路侧**

1. 一般弯道

2. 连续弯道

左【灯光信号组合开关】　　　　　　　　　　右【雨刮组合开关】

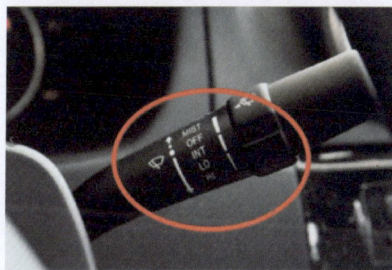

## 制动装置

行车制动:脚刹脚踩减速踏板→容易紧急制动,长时间使用效果下降。

驻车制动:手刹驻车制动器操纵杆→停车时使用。

发动机制动:抢挡减速利用发动机制动减速→可以长时用,紧急时用发动机制动。

## 安全装置

### 安全带

固定驾驶员位置

减轻对驾驶员的伤害

安全带+安全气囊=双重保护

### 安全气囊

车辆发生碰撞时,气囊会迅速膨胀,从而降低驾乘人员伤害程度。

### ABS 防抱死系统

车辆紧急制动时,防止车轮抱死;

保持前轮转向能力,避免侧滑;

紧急制动时,可用力踏制动踏板。

### 安全头枕

保护驾驶员和乘车人的颈部;

调整头枕高度与后脑中心平齐。

## 行车检查

### 上下车安全确认

1. 上车前逆时针绕车检查一周(环境/障碍物/轮胎/渗漏)。

2. 后视镜查看左后方情况,确认安全后下车。

### 起步前的调整与检查

1. 上车后关好车门调整后视镜、座椅和头枕。

2. 系好安全带、启动车辆,检查仪表。

# 二十四、特殊天气及复杂路段

## 总体原则

控制车速、低速行驶,速度不超过 30km/h;

按规定控制车距和车速,避免紧急制动,可轻踏或间歇踩踏制动踏板;

尽量不要超车,会车保持低速大间距;

视线不清时,要选择安全地点停车;

临时停车要开启危险报警闪光灯。

## 雾天

雾天开雾灯,不可使用远光灯。

适当鸣喇叭可引起对方注意,听到对方车辆鸣喇叭,也应鸣喇叭回应。

低能见度,保持较大安全距离,减速慢行。

能见度过低无法正常行驶时,要开启雾灯、前照灯、示廓灯、后位灯和危险报警闪光灯,选择安全位置停车。

## 雪天

◇雪天 ABS 制动距离延长,避免紧急制动和急转方向,充分利用发动机牵阻作用减速或停车。

◇有条件要安装防滑链,防滑链安装在驱动轮。

◇可根据路边树木、电线杆等参照物判断行驶路线,有车辙循车辙行驶。

◇前车爬坡时,等前车通过后再上坡。发生侧滑时,向后轮侧滑的一侧转动转向盘。

## 雨天

◇雨天路面湿滑,易发生"水滑",需减速慢行。

◇雨天行车行驶阻力减小,刚开始下雨时路面最滑。

◇车辆涉水后间断轻踏制动踏板,以恢复制动效果。

◇刮水器难以改善视线时,要选择安全地点停车,开启示廓灯和危险报警闪光灯。

# 大风

◇大风天气行车,要双手握稳转向盘,控制好行车方向。

◇车辆发生横向偏移时,降低车速,不可急转转向盘。

## 复杂路段的驾驶

### 山区

◇行车:减速、鸣喇叭、靠右行,会车应选择路面较宽的路段减速交会。

◇超车:尽量避免超车,需要超车时,要选择路面宽阔的缓上坡路段。

| | 上坡路段 | 下坡路段 |
|---|---|---|
| 行使原则 | ◇提前减挡加速冲坡<br>◇坡顶鸣喇叭示意<br>◇不得加速冲过坡顶 | ◇挂中低速挡位<br>◇充分利用发动机制动<br>◇严禁空挡滑行 |
| 临时停车 | ◇停车制动推迟<br>◇方向盘向左转<br>◇车轮后放置物品 | ◇停车制动提前<br>◇方向盘向右转<br>◇车轮前放置物品 |

### 隧道

◇车辆进入隧道前要提前开启近光灯或示廓灯。

◇隧道内禁止停车、倒车、掉头、超车、逆行。

◇隧道前 50 米处,不得停车(口 5 站 3)。

◇隧道出口注意横风以免车辆偏移,造成事故。

◇进出隧道,驾驶人会有明暗适应的过程,要减速慢行。

## 环岛

按逆时针方向行驶。

进环岛不开转向灯。出环岛开右转向灯。

环岛外让环岛内先行。

出环岛提前变更到最外侧车道。

## 铁路道口

有人看守铁路道口

无人看守铁路道口

**驶入前**

◇ "一停、二看、三通过"。

◇ 减速降挡。

**进入时**

◇ 不能变换挡位。

通过铁路道口最高车速不得超过 30km/h。

---

**50. 单选题** 驾驶机动车通过铁路道口时,最高速度不能超过多少?

△ A. 15 公里/小时

△ B. 20 公里/小时

▲ C. 30 公里/小时

△ D. 40 公里/小时

---

## 涉水驾驶

遇漫水路段要停车察明水情,确认安全后低速通过,中途不要换挡、停车和急转向。

增加与前车的距离。

涉水后,间断轻踏制动踏板,恢复制动效能。

## 泥泞路段

☆主要影响:侧滑、空转。

☆停车观察,选择平整、坚实的路段缓慢通过。途中避免换挡,选择中低速挡位,握稳转向盘,匀速通过。

☆尽量避免使用行车制动器或猛打转向盘。

☆侧滑打方向(前轮相反,后轮相同)。

## 窄桥

速度:车速不超过30公里/小时。

## 会车

◇夜间窄桥会车,使用近光灯。

◇遇对向来车时,离桥远的一方主动让行。

◇对向来车已在桥面,未上桥的一方靠右让行。

## 施工路段

速度:合理控制车速,减速慢行。

会车:无障碍的一方先行。

本侧车道数减少时提前变更车道,拥堵时依次交替通行,不可抢行。

## 事故处理办法

### 车辆故障处理流程

□ 开启危险报警闪光灯。

夜间同时开启示廓灯和后位灯。

□ 将机动车移至不妨碍交通的地方停放。

□ 放置警告标志。

普通道路在车后 50-100m 放置警告标志。

高速公路在车后 150m 以外放置警告标志。

□ 车上人员迅速转移到右侧路肩上或者应急车道内。

## 爆胎

| 原因 | 处理方式 |
|---|---|
| 轮胎气压过低/高 ➡ | 定期检查轮胎气压 |
| 轮胎沟槽存在异物 ➡ | 及时清理异物 |
| 轮胎磨损严重 ➡ | 更换轮胎 |

## 注意事项

□ 车辆发生爆胎后,车身摇摆不定。

□ 握稳转向盘,保持直线行驶,减速停车。

□ 不要采取紧急制动,以免造成翻车或追尾。

## 交通事故处置办法

| 立即报警 | 自助协商 |
|---|---|
| 造成人员伤亡的 | 无争议 |
| 当事人有争议的 | 无人员伤亡 |
| 车有问题的 | 应撤离未撤离,责令撤离,造成阻塞 |
| 人有问题的 | 罚款200元 |
| 损坏公共设施的 | |

## 事故现场急救

### 现场救护原则

□ 安全原则。

□ 避免二次伤害原则。

□ 先救命后治伤原则。

□ 争取时间原则。

## 事故伤害情况

**失血　昏迷　烧伤　骨折　中毒　失血**

□ 先止血(压迫止血法)。

□ 包扎不能使用细麻绳。

☐ 动脉出血近心端,静脉出血远心端。

☐ 失血过多休克要采取保暖措施。

### 昏迷

☐ 抢救前先检查呼吸和脉搏。

☐ 搬运先开放气道,再采取去枕仰卧位。

☐ 成人心肺按压频率:100-120 次/分钟。

### 烧伤

☐ 烧伤向身上喷冷水,烫伤用常温清水持续冲洗。

☐ 伤口起泡用塑料袋或保鲜膜覆盖保护。

☐ 烧伤伤员口渴时,可喝少量的淡盐水。

### 骨折

☐ 不要移动骨折部位。

☐ 用三角巾固定。

☐ 不能用软担架运送,要使用硬担架。

☐ 有出血先止血,再包扎、固定。

☐ 无骨端外露骨折的伤员肢体固定要超过伤口上、下关节。

### 中毒

☐ 遇到有毒有害物质泄漏,要第一时间疏散人群,并立即报警。

☐ 第一时间将伤员移送到有新鲜空气的地方,脱去接触有毒空气的衣服;用清水冲洗暴露部位,不要原地等待救援。

☐ 进入现场抢救伤员时,抢救人员须佩戴空气呼吸器或用湿毛巾捂住口鼻。

# 二十五、易错卷

## 【易忽略考点】1 分、3 分

1 分:(1)不按规定会车、系安全带、使用灯光。

(2)普路不按规定倒车、掉头。

(3)违反禁令标志、禁止标线。

3 分:(1)不按规定超车、让行、安装号牌、避让校车。

(2)普车在普路超速 20%-50%,高速路低于规定最低时速行驶。

(3)普路逆行。

(4)接打手持电话。

(5)堵车缓慢行驶时,借道穿插。

## 【易错易混考点】罚款 200 元-2000 元

1. 未取得机动车驾驶证、机动车驾驶证被吊销或者机动车驾驶证被暂扣期间驾驶机动车的。

2. 将机动车交由未取得机动车驾驶证或者机动车驾驶证被吊销、暂扣的人驾驶的。

3. 造成交通事故后逃逸,尚不构成犯罪的。

4. 机动车行驶超过规定时速 50%的。

5. 强迫机动车驾驶人违反道路交通安全法律、法规和机动车安全驾驶要求驾驶机动车,造成交通事故,尚不构成犯罪的。

6. 违反交通管制的规定强行通行,不听劝阻的。

7. 故意损毁、移动、涂改交通设施,造成危害后果,尚不构成犯罪的。

8. 非法拦截、扣留机动车辆,不听劝阻,造成交通严重阻塞或者较大财产损失的。

9. 非法安装警报器、标志灯具的。

10. 驾驶拼装或者已达到报废标准的机动车上道路行驶的。

## 【易错易混考点】登记地 & 核发地

登记地:行驶证相关,类似于车辆的"身份证",与车辆相关(登记证书、号牌、行驶证等),变更信息需要登记的如车身颜色、发动机、车身车架更换等。

注:因改变车身颜色申请变更登记,车辆不在登记地的,可以向车辆所在地车辆管理所提出申请。

核发地:驾驶证相关,与人相关。驾驶人信息发生变化,驾驶证损毁无法辨认,找核发地。

小口诀:车登记照核发。

## 【易错易混考点】责任判定

**车对人:**

车无错:承担不超过 10%的赔偿责任。

人有错:适当减轻机动车一方的赔偿责任。

人故意:机动车一方不承担赔偿责任。

**车对车:**

双方都有错,按各自过错比例赔偿。

货车散落货物,货车全责。

小提示:事故当事人故意破坏现场毁灭证据,应承担全部责任。

**【易错易混考点】驾驶证的申请条件**

小型汽车：18岁以上(70岁以上需通过三力测试)。

低速载货汽车、三轮汽车：18—60岁。

中型客车、轻型牵引挂车、大型货车、公交车：20—60岁。

(60—70岁,确有增驾轻型牵引挂车需求的,需通过三力测试)。

大型客车、重型牵引挂车：22—60岁。

**小提示**

轻型牵引挂车：C1/C2满1年,1个记分周期内未满12分。

中型客车：拿到C1/C2满2年,2个记分周期内未满12分。

**【解题思路】恶劣天气**

1. 判断天气：有图先看图,辨别雾、雨、雪、大风、沙尘、冰雹等恶劣天气。

2. 正确操作：开车灯、控制车速及方向、保持安全距离,避免紧急制动(急刹车)。

3. 选择正确的灯光：雾天–雾灯+危险报警闪光灯,夜间没有路灯、照明不良、低能见度情况下行驶时,应当开启前照灯、示廓灯和后位灯。(同方向行驶的后车与前车近距离行驶时,不得使用远光灯)。

**【易错易混考点】指路 & 指示标志**

| 二龙路 | 黄河路 |
|---|---|
| ↰ | ↱ |
| 500 m | 500 m |

G105

璜塘 8 km
G42 17 km
上海 25 km

指路:有具体的时间、方向、距离等信息,颜色较为丰富。

↑

↓↑

🚗

指示:指示路线、方向行驶,蓝色为主。

# 二十六、高难卷

**【高频考点】12分/24分/36分**

一个记分周期12个月。

记满12分:参加道路交通安全法律、法规和相关知识考试。

记满24分:参加道路交通安全法律、法规和相关知识考试,30日后预约科目三。

记满36分:参加道路交通安全法律、法规和相关知识考试,30日后预约科目三(C1),10日后预约科目二(C1C2)。

口诀:一个12分考1科,

2个12分考2科,

3个12分考3科。

---

**51. 判断题** 机动车驾驶人在一个记分周期内二次累积记分满12分,应当在道路交通安全法律、法规和相关知识考试合格后,按规定预约参加道路驾驶技能考试。

▲ A. 正确

△ B. 错误

**【高频考点】拘留 10 日/15 日**

拘留 10 日：

1. 再次饮酒后驾驶机动车。

2. 伪造、变造或使用伪造、变造的检验合格标志/保险标志。

拘留 15 日：饮酒后驾驶营运机动车。

拘留 15 日以下：

1. 伪造、变造或使用伪造、变造的登记证书/号牌/行驶证/驾驶证。

2. 吊销暂扣驾驶证期间驾车。

3. 肇事逃逸尚不构成犯罪。

4. 强迫他人违法造成事故尚不构成犯罪。

5. 违反交通管制不听劝阻。

6. 损毁交通设施造成危害尚不构成犯罪。

7. 非法拦截、扣留车辆，造成交通阻塞或财产损失。

**【高频考点】不当手段申领驾驶证**

已取得：

以欺骗、贿赂取得→**2000 元以下**，撤销机动车驾驶许可，3 年不得申领驾驶证。

未取得：

1. 虚假材料申领→**500 元以下**，1 年不得再次申领。

2. 贿赂、舞弊申领→**2000 元以下**，已通过的科目成绩作废，1 年不得再次申领。

组织、参与实施以上行为之一牟取经济利益的，处违法所得 **3-5 倍**罚款，但最高不超过**十万元**。

**【高频考点】6 分、9 分、12 分**

| 6 分 | 9 分 |
|---|---|
| 1. 普车在普路超速 50% 以上 | 1. 校车在普路超速 50% 以上。 |
| 2. 普车在高速路超速 20%-50% | 2. 高速路违法停车。 |
| 3. 不按交通信号灯通行 | 3. 未悬挂或故意遮挡号牌。 |
| 4. 驾驶证被扣期间驾驶机动车 | 4. 驾驶与准驾车型不符的机动车。 |
| 5. 高速路或城快路占用应急车道 | 5. 未取得校车驾驶资格驾驶校车。 |
| 6. 致人轻微伤或财产损失的，<br>肇事逃逸，尚不构成犯罪的。 | |

**12 分**

1. 普车在高速超速 50% 以上。

2. 酒驾。

3. 致人轻伤以上或死亡的肇事逃逸,尚不构成犯罪的。

4. 替人记分牟取经济利益的。

5. 高速/城快路倒车、逆行。

6. 使用伪造、变造的号牌。

# 二十七、看关键词答题

**关键词:依次**

判断题:题目中有依次,答对。

选择题:选项中有依次,直接选。

**关键词:确认安全**

判断题:题目中有确认安全,答对。

选择题:选项中有一个确认安全直接选,两个确认安全选带减速或低速的。

**关键词:主动**

判断题:题目中有主动,答对。

选择题:选项中有主动,直接选。

**关键词:礼让**

判断题:题目中有礼让,答对。

选择题:选项中有礼让,直接选。

**关键词:避免、避让**

判断题:题目中有避免,答对。

判断题:题目中有避让,答对;不避让,答错。

**关键词:违法行为**

判断题:题目中说违法行为,答对;没有违法行为、违章行为,答错。

选择题:题目中说属于什么行为? 直接选违法行为。

选择题:题目中说有几种违法行为? 直接选三种违法行为。

**关键词：可不、可以，答错。**

判断题：题中有可不、可以，答对。

**关键词：减速、靠右依次**

判断题：题目中有减速、靠右或靠右减速，答对。

选择题：选项中有减速、靠右或靠右减速，直接选。

**关键词：安全距离**

选择题：选项中有一个安全距离直接选，两个安全距离选"带"大字的。

**关键词：加速**

判断题：题目中有加速，答错（加速过急除外）。

**关键词：人、山、洞、自行车**

判断题：警告标志（黄底黑边三角形）图片中"人""山""洞""自行车"，答错。

**关键词：减速、停车**

选择题：选项中减速、停车，直接选。

# 科目二考试流程及注意事项

## ● 考前准备

1. 身份证。

2. 补考的学员,提前把补考费交好。

3. 平底鞋。

4. 浅色衣服。

## ● 小车科目二考试包含 5 项

坡道定点停车与起步、直角转弯、曲线行驶、倒车入库、侧方位停车(2021 年 6 月 1 日起,C2 驾照考试已取消"坡道定点停车与起步")。

## ● 新增 4 项

模拟隧道行驶、高速公路取卡、窄路掉头、通过限宽门,目前新增项目还没有在全国推行,个别地区试点推行。

## ● 考试当天进考场

1. 准备好身份证,排队进入考试大厅。进入大厅后大屏幕会显示学员与考试车辆对应的信息。记住自己的考试车号码,进考场等待上车即可。

2. 手机一般是不允许带进考场的,有的地区可以带但是不能开机。

## ● 上车考试

1. 上车后先调整座位、靠背。

2. 调整后视镜。

3. 系安全带。

4. 人脸识别或者按指纹开始正式考试。

5. 切记不要先挂挡。先观察车辆是否打火,没打火的话先打火再挂挡(一般是打火状态)。

6. 起步时,先踩离合,踩刹车,然后挂一挡,再放手刹,慢松离合起步即可。

# 科目二评判标准

| 序号 | 考试项目 | 检测评判项 | 判定结果要求 |
|---|---|---|---|
| 1 | 通用要求 | 不按规定使用安全带 | 不合格 |
| 2 | | 不按规定路线、顺序行驶 | 不合格 |
| 3 | | 启动发动机时挡位未置于空挡(驻车挡) | 不合格 |
| 4 | | 发动机启动后,不及时松开启动开关 | 每次扣10分 |
| 5 | | 因操作不当造成发动机熄火一次 | 每次扣10分 |
| 6 | | 起步时未完全关闭车门 | 不合格 |
| 7 | 倒车入库 | 制动气压不足 | 不合格 |
| 8 | | 不按规定路线、顺序行驶 | 不合格 |
| 9 | | 车身出线 | 不合格 |
| 10 | | 倒库不入 | 不合格 |
| 11 | | 在倒车前,未将两个前轮触地点均驶过控制线 | 不合格 |
| 12 | 坡道定点停车和起步 | 项目完成时间超过210s | 不合格 |
| 13 | | 中途停车时间超过2s | 每次扣5分 |
| 14 | | 车辆停止后,汽车前保险杠未定于桩杆线上,且前后超出50cm | 不合格 |
| 15 | | 行驶中车轮轧道路边缘线 | 不合格 |
| 16 | | 车辆停止后,车身距离路边缘线超出50cm | 不合格 |
| 17 | | 车辆停后,起步时间超过30s | 不合格 |
| 18 | | 起步时车辆后溜距离大于30cm | 不合格 |
| 19 | | 车辆停止后,车身距离路边缘线超出30cm,未超出50cm | 扣10分 |

| 20 | 侧方停车 | 停车后,未拉紧驻车制动器 | 扣 10 分 |
|---|---|---|---|
| 21 | | 起步时车辆后溜距离 10cm～30cm | 扣 10 分 |
| 22 | | 车辆入库停止后,车身出线 | 不合格 |
| 23 | | 项目完成时间超过 90s | 不合格 |
| 24 | | 行驶中车轮触轧车道边线 | 每次扣 10 分 |
| 25 | | 行驶中车身触碰库位边线 | 每次扣 10 分 |
| 26 | 曲线行驶 | 出库时不使用或错误使用转向灯 | 扣 10 分 |
| 27 | | 中途停车时间超过 2s | 每次扣 5 分 |
| 28 | 直角转弯 | 车轮轧道路边缘线 | 不合格 |
| 29 | | 中途停车时间超过 5s | 扣 5 分 |
| 30 | | 车轮轧道路边缘线 | 不合格 |
| 31 | | 转弯时不使用或错误使用转向灯,转弯后不关闭转向灯 | 扣 10 分 |

# 一、倒车入库

## ● 倒车车头扫线

车头扫线原因是:车身与边线(7 米线)宽度小于 1.2 米,出库的时候打轮晚造成的。

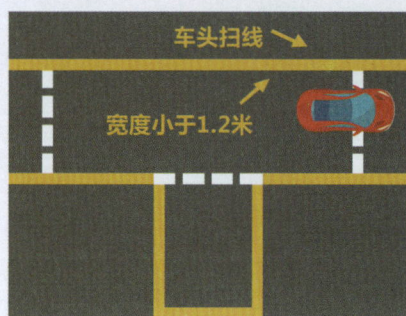

## ● 倒车压前库角

左倒库压左库角(可调整进库)。

原因:1.起点打轮早。

2.中途回轮晚。

左倒库压右库角(不可调,直接挂科)。

右倒库压右库角(可调整进库)。

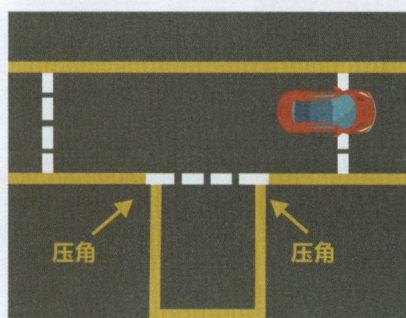

原因:1. 起点打轮晚。

2. 中途回轮晚。

右倒库压左库角(不可调,直接挂科)。

原因:1. 起点打轮晚。

2. 中途回轮早。

倒库车尾扫线:

进库时车尾扫线有 2 个原因。

1. 车尾入库太深,打轮太晚。

2. 进库时车斜得很,打轮太少。

解决车尾扫边线,主要看车辆的倾斜角度与打轮早晚。

1. 斜得很——早点打轮或者多打轮。

2. 斜得轻——晚点打轮或者少打轮。

倒库一边宽一边窄(左右):

进库后一边宽一边窄是因为进库时,车身与后库脚的宽度判断失误造成的。

以后库中心点为例,车身与后库角的宽度大于中心点应该早打轮或者多打轮,如果小于中心点则应该少打轮或者晚打轮。与之前的扫线道理一样,只不过一边宽一边窄也合格,扫线就挂科了。

如果车在进库时,判断车辆倾斜角度失误,打轮不准(过多或过少)轻则一边宽一边窄,重则扫线。

## ● 倒车车斜(前后)

进库以后车斜(前窄后宽,前宽后窄):

是因为进库以后没看两边,单独看一边后视镜造成的。

正确做法是:进库后两边都观察,看车身与边线的平行度,两边一样宽,形状一样的时候才能回轮。

重点提醒:即使车没在库中心,偏一侧,也要把车开直,如果车斜着进库,出库时前轮容易压线。

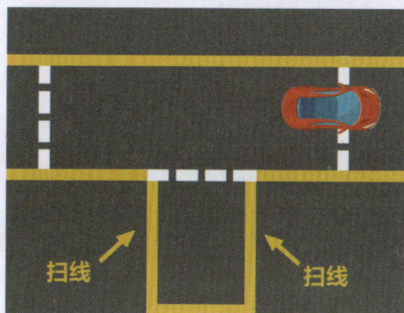

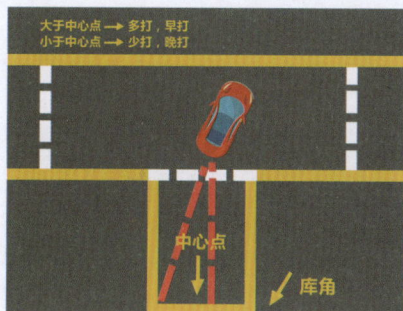

## ●倒库不入,车身出线

倒库不入,车身出线原因:看点不准造成的,这个点根据每个人的身高坐姿不同,每个人都有自己的点位,以左后视镜底边盖白线为例,个子高的需要多盖线,甚至盖线后还需要往后倒点才可以。个子矮的就得稍微早点停车,甚至有的不盖线,与白线距离10-20厘米的时候就得停车。

正确定点:应该先把车停在一个标准的位置,然后坐上车后,调好座位靠背,看左边后视镜底边盖多少线。这个点才是自己的点位,记住自己的点位,每次看到这个点停车即可。

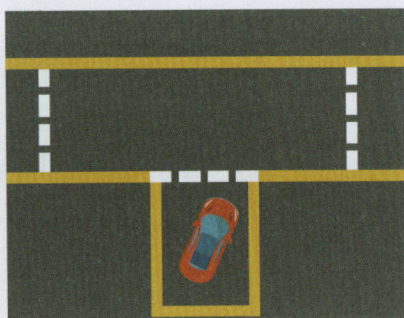

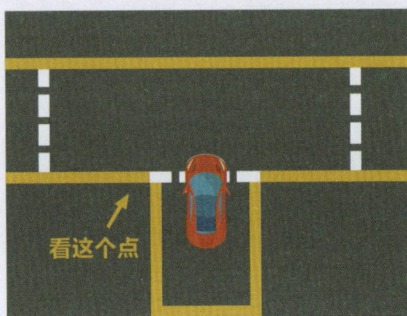

# 二、侧方停车教学

## ●侧方停车起点选择

1.需要把右侧车身开到距离右边线30—50厘米。小于30cm容易压线,大于50cm在倒的过程中容易造成左车头扫线。

2.停车点位可以看车头1/3处或雨刷器最高点与边线重合,同时可观察车身与边线平行度,能看出来车身是否直或者斜。

## ●侧方停车进出库点位讲解

第1个点:观察右后视镜,右后轮到库前角,右打死方向盘。

第2个点:观察左后视镜,看到右后库角,回正方向盘。

第3个点:观察左后视镜,看到左后轮即将压线,左打死方向盘。

第4个点:观察两边后视镜,看到车正以后,离合刹车一起踩死,停车。

第5个点:打左转向灯,3秒以后,挂一挡,松开刹车,慢松离合。

第6个点:观察左车头与边线重合,回正方向盘。

第7个点:观察车头中心点或者雨刷器最高点与边线重合,右打一圈方向盘。

第8个点:车正后,回正方向盘即可。

1.进库后车身偏右。

①中途回轮晚;②进库打轮。

2.进库后车身偏左

①中途回轮早;②进库打轮早。

3.进库后车身靠前或车头扫前库角是第1个点打轮早。

4.进库后车身靠后或车尾出线是第1个点打轮晚。

## ●侧方停车可调整的点位基本上是第3个点

如果第2个点回轮早,第3个点处要晚打才能正常进库。

如果第2个点回轮晚,第3个点处要早打才能正常进库。

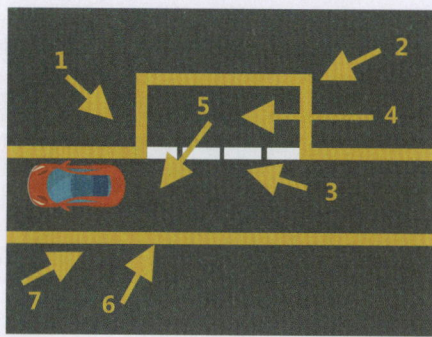

## 三、半坡起步注意事项

半坡上坡方法:轻踩离合(车速慢,易熄火,易溜车),半坡找边线方法:

1.车头1/3处与边线重合或雨刷器最高点与边线重合;

2.看右后视镜观察车身与边线1指宽;

3.看轮胎印、箭头。

## ●半坡前后点停车方法

观察左后视镜底边盖中间黄线,半坡起步看准点以后,停车时先把离合踩到底,紧接着踩死刹车。或者离合刹车一起踩死也可以。停车后拉起手刹,半坡起步停车完成,30秒之内完成起步。

## ●半坡起步,起步方法:

**脚刹起步:**

1.先把手刹缓慢放下。

2.离合慢松至车身抖动,当车身抖动后,此时左脚不动。

3.右脚刹车慢慢全部松开,即可完成起步。

**手刹起步：**

1. 手刹先不放，先松开脚刹。

2. 离合慢松至车身抖动，当车身抖动后，此时左脚不动。

3. 手刹全部放下，即可完成起步。

**脚刹+油门，起步方法：**

1. 先把手刹缓慢放下。

2. 离合慢松至车身抖动，当车身抖动后，此时左脚不动。

3. 右脚刹车全部松开后紧接着踩油门。

4. 此时如果车会起步，左脚则不需要动。如果车不走或者只走一点点，此时应再松一点点离合，即可完成起步。

重点：成功率较高，重点在于离合与油门的配合。

**● 手刹+油门，起步方法**

1. 手刹先不放。

2. 先把右脚刹车全部松开后紧跟着踩油门，踩着油门脚不松。

3. 慢松离合，松离合的过程中车会起步。

4. 当车身开始起步时，手刹全部放下，即可完成起步。

重点：成功率很高，但是注意手刹必须管用，手刹失灵会溜车。

油门的力度掌握好，不要踩得太重，太重对车的伤害比较大。

**半坡起步时熄火溜车的原因**

熄火——离合松得太快、太多（半联动掌握不好）。

溜车——离合松得太少。

**半坡起步下坡的方法**

1. 三不踩（车速适中）。

2. 踩死离合+轻踩刹车（车速慢），禁止单独踩离合，车速会特别快；禁止单独踩刹车，容易造成熄火。

## 四、直角转弯注意事项

提前打左转向灯,转向灯至少要开 3 秒钟,车身开至边缘线 30 厘米,打轮,点可以看车头盖前边线或车内前门把手与角重合打轮。

### ● 直角转弯时压角原因

1. 车太靠左,距离右边线大于 50 厘米。

2. 打轮太早,车没开到位置就提前打轮。

### ● 直角转弯,压前边线原因

打轮太晚造成。

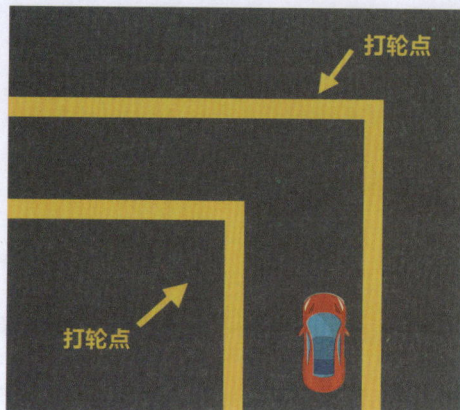

打轮点

打轮点

## 五、曲线行驶

1. 曲线行驶左转时,左车头与边线重合,向左打一圈方向盘。始终保持左车头划线走,多打少回;

2. 右转时右车头与左边线重合,向右打一圈方向盘,始终保持右车头划线走,多打少回;

3. 出曲线时,观察右后视镜,看车身与边线的宽度,越走越窄就回方向。

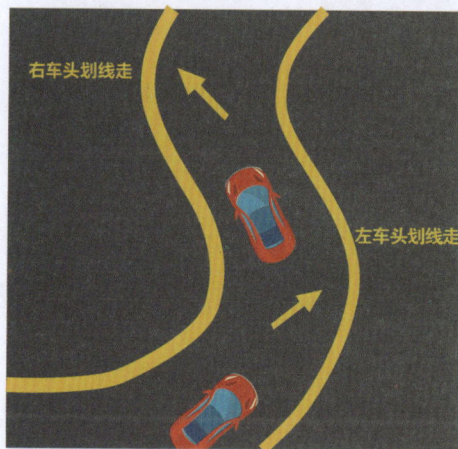

右车头划线走

左车头划线走

### ● 曲线行驶注意事项

这个项目点位每个人的差距比较大,因为每个人身高坐姿不同,点位会有差别,所以在练的过程中,一定要学会看好自己的点位,根据当时的位置会调整方向盘。

### ● 考前准备

1. 身份证;

2. 补考的学员,提前把补考费交好;

3. 平底鞋;

4. 浅色衣服。

# 科目三考试流程及注意事项

## ● 小车科目三考试包含 16 项

上车准备、灯光模拟、起步、直线行驶、加减挡位操作、变更车道、直行通过路口、路口左转弯、路口右转弯、通过人行横道线、通过学校区域、通过公共汽车站、会车、超车、掉头、靠边停车。不同地区考试项目先后会有差异,按照当地考试要求操作即可。

## ● 考试当天进考场

1. 准备好身份证,排队进考试大厅。在候考厅随机分配考试路线,由驾校车辆统一带到考试路线入口,等待考试。

2. 手机一般是不允许带进考场的,有的地区可以带但是不能开机。

## ● 上车考试

1. 人脸识别或者按指纹开始正式考试;

2. 第一项考试是:从车的左后方开始,绕车一周;

3. 绕车一周完成之后,上车;

4. 上车之后先检查:挡杆是否在空挡、手刹是否拉起、车辆是否打火、灯光是否复位;

5. 调整座椅,调整倒车镜。

## 科目三考试细节及标准

| 序号 | 考试、项目 | 细节及检测评判项 | 判定结果要求 |
|------|-----------|----------------|-------------|
| 1 | 上车准备 | 上车进行指纹验证后,下车绕车一周确认安全,上车。 | 不绕车一周检查车辆外观及周围环境扣100分。 |
| 2 | 起步语音 | 语音提示"请起步"后,挂入一挡,打左转向灯,观看后视镜,确认安全,鸣笛,放手刹,起步。 | 起步挡位不正确,起步或行驶中挂错挡扣100分,起步操作完成后不关闭转向灯扣10分。 |
| 3 | 直线行驶 | 语音提示"请保持直线行驶",控制好方向。选择合适挡位保持车辆直线行驶。 | 方向控制不稳,不能保持车辆直线运行,扣100分。 |
| 4 | 加减挡操作 | 语音提示"请完成加减挡动作"时,挡位归至最低挡或2挡,从低挡依次升至最高挡。一般可由2挡至4挡,最高挡位时车速需大于40km/h,并且保持3秒以上,再将挡位依次降至最低挡。 | 未按指令平稳加、减挡,扣100分。速度与挡位不匹配扣10分。 |
| 5 | 变更车道 | 语音提示"请变更车道",打转向灯保持三秒钟,观察后视镜,确认安全,变更车道,不具备变更条件时,减速慢行,条件允许后进行考试科目。 | 转向灯使用不正确扣100分,连续变更车道扣100分。未完成变更车道,则为不按考试员指令驾驶,扣100分。 |
| 6 | 直行通过路口 | 语音提示"前方通过路口",应减速,在进入路口前车速低于30km/h,观察交通信号按信号灯指示行驶。交通阻塞无法行驶时,将车停在安全线以外,停车等待,路口内禁止停车。 | 车速大于30km/h扣100分,不按照红绿灯或导向车道行驶扣100分。不按规定停车瞭望扣100分。 |

| 7 | 前方通过人行横道 | 语音提示"前方通过人行横道",减速在进入该区域前车速低于30km/h,有行人通过,把车辆停在安全线外等候,在行人通过后方可通过。 | 车速大于30km/h扣100分。 |
|---|---|---|---|
| 8 | 通过学校区域 | 语音提示"前方通过学校",减速或在进入该区域前车速低于30km/h,观察交通情况避让人,确认安全后通过。 | 车速大于30km/h扣100分。 |
| 9 | 通过公交车站 | 语音提示"通过公交车站",减速或在进入该区域前车速低于30km/h,观察交通情况,避让公交车,确认安全后通过。 | 车速大于30km/h扣100分。 |
| 10 | 路口左转弯 | 语音提示"前方路口左转弯",提前3秒开转向灯,按导向箭头车道左转至行车道。出弯的过程需要按照道路标志标线。 | 转向灯使用不正确扣100分,不按照红绿灯或导向车道行驶扣100分。不按规定停车瞭望扣100分。 |
| 11 | 路口右转弯 | 语音提示"前方路口右转弯",提前3秒开转向灯,按导向箭头车道右转至行车道,出弯的过程需要按照道路标志标线。 | 转向灯使用不正确扣100分,不按照红绿灯或导向车道行驶扣100分。不按规定停车瞭望扣100分。 |
| 12 | 会车 | 语音提示"前方会车",注意前方来车,靠行车道右侧行驶,车身右侧距离车道分界线不大于30厘米。行驶距离30米以上不能压实线或长时间碾压车道分界线。 | 碾压实线或长时间碾压分界线扣100分。 |
| 13 | 超车 | 语音提示"请完成超车动作"打左转向灯保持三秒,观察后视镜,确认安全,驶入左侧车道进行超车,超车完成打右转向灯保持三秒,同时观察右后方,确认安全后驶入原车道正常行驶,项目完成。当不具备超车动作条件时,请耐心等待,禁止右侧超车。 | 未超车或超车后未返回原车道,系统评判未按考试员指令驾驶扣100分。超车时,未根据被超车辆速度和道路限速选择合理行驶速度扣100分。 |

| 14 | 掉头 | 语音提示"前方请掉头",打左转向灯保持三秒,观察后方交通情况,确认安全后低速驶入掉头区,观察确认安全,入弯道后驶入新车道正常行驶,关闭转向灯。掉头过程需要按照道路标志标线进行,需由标示箭头车道掉头进入。 | 不按道路交通标志标线行驶,扣100分。 |
|---|---|---|---|
| 15 | 靠边停车 | 语音提示"请靠边停车",考生打右转向灯保持三秒,观察后方交通情况,确认安全,将车辆平行停放距路边30厘米以内。 | 车辆停车距离边缘线超出50厘米扣100分,车辆停车距离边缘线30—50厘米,扣10分,在前后无干扰条件下停车后,再次挪动车辆扣10分。 |

# 一、上车准备动作

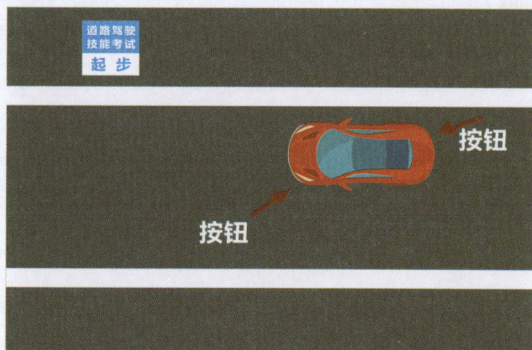

绕车完成之后,上车开始起步

● **扣分标准**

  ●未绕车一周检查车辆外观及周围环境的,不合格。

  ●车门未完全关闭起步的,不合格。

● **操作要领**

  ●听到身份验证成功,请开始考试,下车。

  ●逆时针绕车一周,检查车门是否关闭,当走到左后方的时候有一个按钮,按一下,听到有学员喊通过即可,右前方有一个按钮,按一下,听到有学员喊通过即可。

# 二、模拟灯光

● **扣分标准**

  ●未按照指令做出相应的灯光操作,不合格。

- 抢答语音,不合格。
- 未在 5 秒内做出灯光操作,不合格。

## ● 操作要领

**具体内容**

| 语音指令 | 相应操作 |
|---|---|
| 请开启前照灯 | 近光灯 |
| 夜间路口直行 | |
| 夜间与机动车会车 | |
| 夜间在窄路、窄桥与非机动车会车 | |
| 夜间同方向近距离跟车行驶 | |
| 夜间在路灯、照明良好的道路上行驶 | |
| 夜间通过急弯、坡路、拱桥、人行横道 | 远近光交替 |
| 夜间在没有交通信号灯控制的路口 | |
| 夜间超越前方车辆 | |
| 请打开远光灯 | 远光灯 |
| 夜间在没有路灯照明、不良的条件下行驶 | |
| 夜间临时停车 | 示廓灯+双闪灯 |

## ● 速记口诀

路口、超车、过拱桥请打开远近光灯。

会车、跟车、有路灯,请打开前照灯。

照明不良、没路灯,请打开远光灯。

临时停车有故障,示廓灯紧跟双闪灯。

# 三、起步

## ● 扣分标准

| | |
|---|---|
| ·未系安全带 | 扣 100 分 |
| ·起步熄火 | 扣 10 分 |
| ·未正确使用转向灯 | 扣 100 分 |
| ·起步未正确使用挡位 | 扣 10 分(例如 2 挡起步) |
| ·未松手刹或者手刹未松到底 | 扣 100 分(部分地区扣 10 分) |

## ● 起步顺序

第一踩:踩离合、踩刹车(部分地区不要求踩刹车,但是不踩的话有溜车风险)。

第二挂:先挂上一挡。

第三松:放下手刹。

第四灯:然后打开左转向灯(转向灯一定要超过3秒才能转动方向盘)。

第五喇叭:鸣笛两下(部分地区已经取消鸣笛这个项目)。

第六观察:要先观察左右倒车镜,确认安全(部分地区要求比较严格,观察的动作要尽量做的明显)。

备注:如果是没有考试顺序要求的地区,起步之后注意先打左转向灯。

## ● 防止起步熄火

先听声音:慢慢轻抬离合,感觉车辆抖动的时候,脚后跟支稳脚下脚垫,再慢慢抬离合,感觉车辆剧烈抖动的时候稳住左脚的离合不动,缓慢松刹车,随后车辆即可平稳起步。

再看转速表盘:慢慢轻抬离合,看到转速表盘的指针转动一格的时候,一定要稳住左脚的离合不动,再松开右脚的刹车,随后车辆即可平稳起步。

重点:脚抬离合的时候一定要慢慢轻抬,而且要等车辆走起来之后把剩下的离合松完。

# 四、加减挡

## ● 扣分标准

| | |
|---|---|
| ·车辆速度与挡位不匹配 | 扣10分 |
| ·加减挡时车辆行驶不平稳 | 扣100分 |

## ● 操作要领

**(1)加减挡时车辆行驶不平稳的原因**

第一:1挡加到2挡或者3挡减2挡时因为离合抬得速度太快,导致车辆行驶中卡顿或窜行,只有车辆车速比较快的时候,松离合时速度快才不会有卡顿。

第二:车辆挡位感应器太灵敏,导致换挡时手法不规范、不小心碰到其他挡位的感应点,造成系统误判,更换挡位需要停留2—3秒系统才能感应到。

第三:加减挡操作一定不能给大油门,轻点油门即可进行加减挡,如果油门给大了,系统也会播报出不平稳。这一点非常容易被考生忽视。

(2)车辆速度与挡位不匹配

①1挡速度要在0km/h至20km/h之间。

②2挡速度要在10km/h至30km/h之间。

③3挡速度要在20km/h至40km/h之间,发动机的制动速度保持在2500转以内。

## ●百米加减挡考试技巧

起步时用"1挡";

起步后用"2挡";

时速20km/h-40km/h用"3挡";

时速40km/h-60km/h用"4挡";

时速60km/h以上用"5挡"。

汽车手动档操作图

备注:每次更换挡位离合器必须踩到底。

备注:每次更换挡位时,挡位挡杆必须先回到"N挡"(空挡)的位置,停顿一秒之后再换相应的挡位。

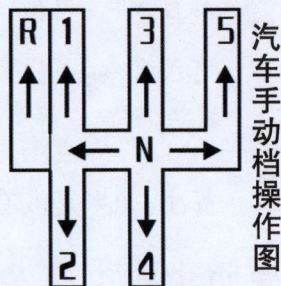

## ●加减挡操作要领

·加油门时不管此时在哪个挡位,一定要等到离合器完全松完才能去加油,油门和离合器就像一个跷跷板,一个在上面时另一个一定要在下面,两者间的切换间隙越小越好,不能重叠。

·1挡2挡是低速挡,一挡离合如果放得太快会造成车辆熄火,二挡时虽然不容易造成车辆熄火,但是会有强烈的顿挫感,1、2挡切换挡位时基本要在半联动停顿一会,3、4、5是高速挡,快速放离合不受影响。

·挂挡的手法一定要正确,挂挡的时候动作手法要干脆利索,重要的是换挡位时要先回空挡。加挡的时候是不可以越级的,减挡的时候是可以越级的(部分地区是不可以的)。

## ●加挡和减挡的步骤

·汽车挂1挡起步,脚下轻踩加速踏板,踩下3秒钟后,放开加速踏板,然后离合器踩到底,换入2挡;

·在2挡踩下加速踏板约3秒,当车辆速度达到25公里/小时,放开加速踏板,离合器踩到底,换挡至3挡;

·在3挡踩下加速踏板约3秒,当车辆速度达到35公里/小时,换挡至4挡;当车辆速度达到45公里/小时,换入5挡;

· 完成加挡操作后,脚下就可松开加速踏板进行减速,当车辆速度降至低一级挡位的速度范围时,立刻减挡;

· 挂入低一级挡位后,再继续进行减速、减挡,依次降至2挡即可。

# 五、左转弯

## ● 扣分标准

· 不按规定进行车辆减速或停车瞭望,扣100分。

· 不观察车辆左右方交通情况,车辆转弯通过路口时,未观察侧前方道路交通情况,扣100分。

· 不主动避让应该优先通行的车辆、行人、非机动车,扣100分。

· 遇到路口交通阻塞时已经进入路口,将车辆停在路口内等候交通恢复通畅,扣100分。

· 车辆左转通过路口时,没有靠近路口中心点左侧就进行转弯,扣10分。

## ● 操作要领

· 打左转向灯,且灯光闪烁时间要超过3秒才能动方向盘;

· 行进到人行横道前要轻点刹车,车辆减速;

· 左转转大弯,要等红绿灯;

· 在车辆倒车镜里面观察,当全部车身离开斑马线的时候,开始缓打方向盘向左转弯。

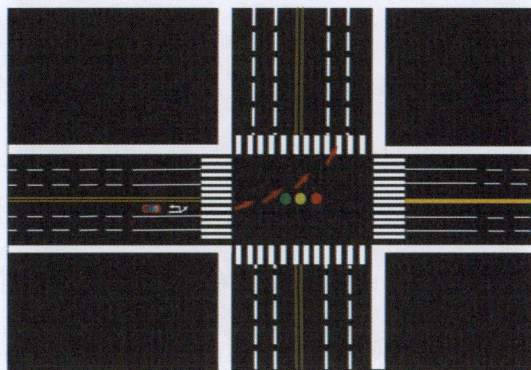

# 六、右转弯

## ● 扣分标准

遇到路口交通阻塞时车辆进入路口,将车辆停在路口内等待交通恢复的,扣100分;

车辆右转通过路口时,没有靠近路口中心点就进行右侧转弯的,扣10分;

不观察车辆左、右方交通情况,转弯通过路口时,未观察侧前方道路交通情况的,扣100分;

不按规定进行车辆减速或停车瞭望的,扣100分。

## ● 操作要领

· 打右转向灯,且灯光闪烁时间超过3秒才能动方向盘;

· 行进人行横道前,要轻点刹车,车辆减速;

· 右转是转小弯,不需要等红绿灯,但是要注意礼让行人;

· 当车头盖住人行横道外边缘的时候,开始往右缓打方向盘。

# 七、调头

## ● 扣分标准

· 不能迅速正确观察交通道路情况选择调头时机的,不合格。

· 车辆调头地点选择不当的,不合格。

· 车辆调头前未表现出掉头信号的,不合格。

· 车辆调头时,妨碍其他正常行驶的车辆和行人通行的,扣10分。

## ● 操作要领

· 迅速打开车辆左转向灯。

· 观察车辆后方来车情况,确保安全的情况下,在开灯三秒后,向左打方向盘,平稳进入内车道。如果左转向灯发生自动复位,要迅速再次打开左转向灯。

· 三挡行驶到距离调头处30米远时,踩刹车(车速降至20 km/h左右),切换二挡,再次踩刹车(车速降至15 km/h左右),换一挡。(调头时一挡和二挡都是可以的)

· 观察车辆周围情况,确保行进安全,迅速调头。进入行车道(当遇行车道有对向来车时,可进入超车道之后再变回行车道)调头完成后,迅速加油门,换高速挡行驶。

# 八、变更车道

## ● 扣分标准

· 车辆变更车道前,未通过内、外后视镜观察后方道路交通情况的,不合格。

· 车辆变更车道时,判断车辆安全的距离不合适,造成妨碍其他车辆正常行驶的,不合格。

· 直接变更两条或两条以上车道的,不合格。

· 车辆变更车道前错误使用或不使用转向灯的,扣100分。

· 车辆变更车道前开转向灯时间少于 3 秒即转向的,扣 100 分。

● **操作要领**

· 听到语音播报"变更车道"指令后,立即打开左转向灯,看后视镜,重点观察左后视镜,确认安全后,停三秒后,然后转动方向盘向左变更车道。

· 车辆变更车道不得压实线和人行横道,整个变道过程要在 100—150 米完成。

· 如果目标车道上前方有车,先减速减挡,如果目标车道上后方有车且距离较远可加速加挡,绝不能犹豫不决浪费时间等后车距离很近才加速,如果后车较近就减速减挡等待后车通过后再变更车道。

· 听到指令后,要立即拨动转向灯,转向灯闪烁时间不得少于 3 秒,而且不得妨碍其他车辆的正常行驶,驶入目标车道后要及时关闭转向灯。

· 往哪个方向变更车道,就朝哪边打相应的转向灯,看哪边后视镜,方向盘就得朝哪个方向转动,要微转方向盘驶入目标车道,不能提前猛打方向盘。

· 观察道路上面的交通标志和路面标线,因为避让障碍变更车道时,应适当提前变道,可以在 50 米至 60 米的距离之间进行变更车道。

# 九、超车

● **扣分标准**

· 考生超车要提前打左转向灯,不开转向灯的直接扣 100 分;开转向灯时间少于 3 秒打方向盘的,扣 100 分;

· 从被超的车辆右侧超车的,直接判定为不合格;

· 超车时,与被超越车辆没有保持安全距离的,直接判定为不合格;

· 超车选择的时机不恰当,影响正常行驶的其他车辆,直接判定为不合格;

· 超车后向右急转弯,妨碍被超车辆正常行驶的,直接判定为不合格;

· 超车前不通过内、外后视镜观察后方及两侧交通情况的,直接判定为不合格;

● **操作要领**

· 听到语音播报"超车"指令后,立即打开左转向灯,看后视镜,重点观察左后视镜,确认安全后,停三秒后,方可转动方向盘变更车道。

· 车辆变更车道时不得压实线和人行横道,超车整个过程要在 100—150 米完成。

· 车辆进入左侧车道之后,走 2—3 秒之后,开启右转向灯,灯光开启时间超过 3 秒后,缓打方向盘,驶入右侧车道。

· 听到指令后,要立即拨动转向灯,转向灯闪烁时间不得少于 3 秒,而且不得妨碍其他车辆的正常行驶,驶入目标车道后要及时关闭转向灯。

· 往哪个方向变更车道,就朝哪边拨转向灯,看哪边后视镜,方向盘就得朝哪个方向转动,要微转方向盘驶入目标车道,不能猛打方向盘。

## 十、人行横道 学校车站

### ● 扣分标准

车辆不按规定减速慢行的,不合格。

行驶过程中不观察左、右方交通情况的,不合格。

遇到行人未停车礼让的,不合格。

### ● 操作要领

· 要在判定有效区 30 米内完成点刹车动作。

· 车辆减速的时候不要踩离合。

· 点刹车的时候力度不要过轻,不然考试系统容易识别不到。

· 点刹车的时间要控制在 2—3 秒。

· 点完刹车速度要控制在 30 km/h 以内。

## 十一、会车

### ● 扣分标准

· 在没有隔离设施或者中心线的道路上会车时,不及时减速靠右行驶,且没有与其他车辆行人或者非机动车保持安全距离不合格。

● **操作要领**

· 听到播报会车指令之后,要轻点刹车,车速控制在 30 km/h 以下。

· 应靠道路中心线右侧,与对向来车保持安全距离。不得骑轧道路中心虚线进行会车,严禁骑轧道路中心线进行会车。(部分地区要求比较严,与中心线保持 30 厘米的距离,部分地区只要轻点刹车就可以了)。

# 十二、路口直行

● **扣分标准**

· 车辆直行通过路口,不观察左、右方交通情况,不合格。

· 车辆通过路口不按规定避让优先通行的车辆和行人,不合格。

· 车辆通过路口不按规定停车瞭望或减速慢行,不合格。

· 车辆通过路口要根据播报指令选准车道(直行、左转或右转),选错不合格。

· 路口交通阻塞时,将车辆驶入路口内等候交通恢复的,不合格。

· 路口红灯亮时,将车辆直接驶进路口(闯红灯)直行或左转,不合格。

● **操作要领**

· 车辆在通过有交通信号灯的交叉路口时,驾驶员要提前对信号灯的变化做出判断,并做好心理准备,随时采取有效措施,确保路口的行车安全,平稳通过。

· 如果是红灯,就提前进行减速,踩离合踩刹车缓慢停车。

· 如果是绿灯,路口点刹车减速慢行,速度要到 30 km/h 以下,通过路口。

● **注意事项**

· 通过路口时不要抢黄灯。

· 绿灯就剩几秒的时候就不要加速通过路口了,不安全也容易造成违法扣分,看到左右车都减速时,也跟着马上减速。

· 车辆在路口要起步时,要观察一下周围道路情况,以防有人闯红灯通过路口。

## 十三、直线行驶

● **扣分标准**

· 车辆行进方向控制不稳,不能保持车辆直线行驶的状态,不合格;

· 行驶过程中碾压车道线,不合格。

● **操作要领**

· 考试行驶中选好参照物,注意观察车辆周围情况。

· 车辆行驶时驾驶员不仅要保持目视前方,还要注意观察车辆两旁的情况(当然不是让你东张西望)。车辆保持直线行驶必须选好参照物,还要注意及时修正行进方向,时刻注意车辆前方各种道路情况,以便及时做出反应。

· 考试行驶中手握方向盘要正,要平稳。

· 在车辆方向盘回正的时候,基本上车辆行进就是直线行驶,所以一定要注意我们的车辆方向盘是否已经回正。当然车辆在行驶中方向盘肯定不能一直保持不动,车在行驶中会稍稍偏离直线,出现这种情况,车往哪边偏就往相反的方向打方向盘。切记调整的幅度不能太大,方向盘扶稳也很重要,一般右手不要紧握方向盘,因为右手还要换挡,右手握得太死换挡时就会紧张。

● **修正方向**

偏离行驶方向需要修正时,要早调、微调、轻调、有打有回,做到一手拉动一手配合推送,双手合力操作,注意打方向盘的速度不要过快或过慢与车速相适应,保持车辆行驶的平稳,直线行进。

● **控制车速**

一般情况下,不要长期使用一个挡位进行低速行驶,也不能开得过快超过规定的车速要求。要按照要求进行加速或减速。保持匀速行驶既能保证在经过路口、人行横道、村庄等地点及时减速,又能从容不迫地完成科目三考试中其他操作。

# 十四、靠边停车

## ● 扣分标准

· 停车前,不通过内外后视镜观察后方和右侧交通情况的,不合格。

· 考试员发出靠边停车指令后,未能在规定的距离内停车的,不合格。

· 停车后,车身超过道路右侧边缘线或者人行道边缘的,不合格。

· 停车后,在车内开门前不侧头观察侧后方和左侧交通情况的,不合格。

· 停车前不使用或错误使用转向灯的,扣 100 分。

· 停车前,开转向灯的时间少于 3 秒即转向的,扣 100 分。

· 停车后,车身距离道路右侧边缘线或者人行道边缘大于 30 厘米小于 50 厘米,扣 10 分,压线或大于 50 厘米,扣 100 分。

## ● 操作要领

· 为了确保停车距离不超过规定的 200 米范围,所以减速的动作要及时。在确认后方交通安全后控制减速的"快慢"也非常要紧,有些学员因为心理紧张而造成减速不到位的。必须按照教练的要求调整到位。

· 减速减挡后,车辆在切入停车道时的角度也不宜过大。应控制在 10—15 度。通常右推方向盘约 1/4 圈,形成角度后"回正"方向进入。

· 车辆在切入停车道过程中,如遇前、后方非机动车经过时,要提前(预见性)减速乃至停车礼让,以保证行车安全。

· 调整停车横向位置时,要控制好"点"与路边线的距离关系。调整时"点"不能过分贴近路边一侧,这样车轮有骑轧道路边缘实线的风险。当不需要调整方向盘时,"点"与道路边线的距离仍保持合理不变时(表明车身已正)将车停驻。

## ● 注意事项

停车前,一定要仔细观察后方和右侧交通情况。

停车前,一定要打开右转向灯,且要在打开右转向灯 3 秒后才可向右转向。停车后,要拉紧驻车制动器拉杆,并将发动机熄火。

停车后,在车内开门前一定要观察侧后方和左侧交通情况,然后才开车门。下车后,一定要将车门关闭。

# 科目四考试流程及注意事项

## ● 考试流程

1. 根据考试预约时间,携带本人身份证和学员证到考场等候。

2. 听到语音提示后,核对身份信息后方可进入考场。

3. 进入考场后,听从工作人员安排,找到自己的座位坐下。

4. 登录界面点击确定,根据提示输入个人身份信息。

5. 录入成功后核对考生基本信息,确认无误后,点击开始考试。考试时要对准摄像头,将自己的五官清晰地展现在摄像头面前,请勿戴口罩和帽子,保证面部能被抓拍到。如果成绩单中三张抓拍照片五官不清晰,成绩作废,需要重新考试。

6. 进入考试系统,开始答题,答案选定后未点击下一题或确定的情况下可更改答案,若已点击确定将不可更改答案。答错的题是红色,累计答错 6 题,系统会自动终止考试,考试不合格。有操作问题坐在座位举手示意即可,违反考试纪律按照作弊停考一年处理。

7. 答题时,如果选择错误答案,电脑屏幕中间出现正确答案,此过程需要等待 5 秒才可进行下一题。

8. 答题完毕后点击交卷,系统会显示你的分数,90 分及以上合格,90 分以下不合格;

9. 合格的学员需要去成绩单打印处,打印成绩单并签名:当天有两次考试机会,如果第一次考试不合格的学员,可以进行第二次考试。

## ● 注意事项

1. 不要忘记携带身份证,如果身份证原件丢失,临时身份证也是可以的。

2. 进入待考区不能携带任何与考试无关的物品入场,如:水、烟、打火机、眼镜盒、智能设备、电子仪器等。

## ● 温馨提醒

科目四是最后一个考试项目,考的内容比较简单,只考 50 道题,包含 20 道单项选择题,20 道判断题,10 道多选题。满分 100 分,90 分合格,错一道题扣两分;只要不做错题,时间是充足的,因此审题要仔细,相信大家都能顺利通过考试的。

# 科目四最新答题技巧

## 一、交警手势

①动画中有牌√;无牌✕。

动画题题目中看到1、2、3、7、8选两种违法行为,动画4、5、6选三种违法行为。

②选择题:看见交警找4个字停车等待,没有这4个字找转弯,手指的方向即转弯的方向。

③判断题:脸不看你✕;看你√;手有重影√;身子侧√。

### ●信号灯试题

①单选题中看到黄灯答案中找安全;

看到红灯答案中找禁止;

看到绿灯答案中找"许"字。

②判断题中两个标志牌√。

③图里有感叹号!✕。

④图片判断题中车轮扭着√。

⑤图片判断题中下坡塞前轮√;上坡塞前轮✕。

⑥判断题中看到图中三个圆形红绿灯,灯架竖着√,横着✕(灯架横着时,题中有确认安全四个字,也是√的)。

## 二、文明驾驶试题

①判断题中出现不能离开高速✕;不要下车✕;不能、不准、不要√;不能礼让✕。

②判断题中出现可✕;可+两排黑竖、可+虚线超车、可+合理√。

③判断题中出现实景图√。

④判断题中出现易、应、安全、大距离、发动机、避、注意、观察、控制、依次、主动、礼让、等、让√;违法√。

## 三、安全行车试题一

①判断题中出现迅速、快速、尽快、加速、立即✕;立即报警√。

②判断题图片中出现看图靠左√。

③判断题中出现不要慢、不减速✕。

④判断题中出现减速与停车(同时出现)选停车√。

⑤判断题中出现减速、靠右、低速、停车√。

⑥判断题中看到不得紧急制动或不能紧急制动√(紧急制动单独出现✗)。

⑦单选题目中看到无可避免、不可避免答案中找紧急制动。

⑧看图(有人必须停车)√。

⑨看到果断√。看图(有人必须停车)√。

## 四、安全行车试题二

①判断题题中有上下学生(一条、两条√)三条后面有左侧✗;三条后面有右侧打√。

②判断题目中有陋习答案中找随意,抢行,陋习√;不属于陋习✗。

③单选题题目中有80找右,没有80找左。

④单选题选项中有150米选150米,没有选50米。

⑤单选题选项中有爆胎选爆胎,没有爆胎选气压,题目中有裂口找换胎。判断题中有降低气压✗。

⑥单选题在上坡找再上坡,在爬坡找再爬坡;下坡选最长、选下;上坡找推迟,下坡找提前。

## 五、灯光试题

①单选题中停车首选危险报警灯;灯光首选近光灯;起步开近光灯;雾天开雾灯、危险报警灯。

②单选题题目中看到未关闭远光灯/路口/超车,答案中找交替变换远近光。

③判断题中,进入隧道提前开灯√,后开灯✗。

④判断题中超车开启远光灯、未开灯、不用开转向灯打✗。

⑤判断题中,远光灯单独出现✗,不得使用远光灯√。

⑥判断题中,近光灯通通√。

## 六、应急措施试题

先人后物,命√;呼吸√;仰卧✗;失血、止血√;出血✗绳✗;毛巾√近心√。

全身烧伤找水;燃油着火不能用水来熄灭,淡盐水√,白开水✗。

中毒:新鲜空气√,原地✗。

上风方向√,下风方向✗。

着火:关√,开✗;骨折:三角巾√,上下√,化纤✗。

火药炸药——爆炸品；火柴——易燃固体。

刮水器找水√，找干✗。

## ●判断题：

**正确的题**

1. 包含"不准"及类似词汇的题目都是√的(不准、不应、不能、严禁、禁止、应当)。

2. 我方减速/停车让对方先行的题目都是√的(减速让行、停车让行、礼让通行、减速避让)。

3. 让你慢速通过的题目都是√的(缓慢通过、减速、平稳、逐渐、慢慢通过、将速度降低、匀速下降)。

4. 含"安全"的题都是√的(间断轻踏、保证安全、确保安全、安全通过)。

5. 让你"观察"的题都是√的(提前观察、仔细观察、认真观察、瞭望)。

**错误的题**

1. 盲目判断的题都是✗的(只要、可、可以)。

2. "又快又急"的题都是✗的(立即、直接、加速通过、迅速通过、急打方向盘、猛打方向盘、迅速向左右躲避、紧急制动)。

# 七、科目四多选题速记方法

1. 不准你做的都是√的：不应、不能、不准、禁止、严禁。

2. 主动让行的都是√的：停车让行、减速让行、礼让、靠边减速避让。

3. 缓慢通过都是√的：慢速通过、减速、慢行过、平稳、速度降低。

4. 注意观察都是√的：减速观察、左右观察、停车观察、瞭望观察。

5. 确认安全都是√的：保证安全、安全通过、确认安全、轻踏踏板。

## 路面标线

红色箭头前面有车或信号灯√，没有车或信号灯✗。

没有信号灯的十字路口地面有蓝色箭头指向左方√。

有信号灯的十字路口地面有蓝色箭头✗。

山区道路只要路面有蓝色箭头都✗。

蓝色箭头穿实线✗，穿虚线√(地面有公交车字样或右侧有标志牌的除外)。

## 侧滑题

单项选择题题目中有侧滑就在答案中找下雨(侧滑题)。

单项选择题中,前轮向右侧滑,方向盘向左打方向。

单项选择题中,后轮向右侧滑,方向盘向右打方向。(前反后同)

备注:如果题中没有说明是前轮侧滑还是后轮侧滑,我们直接默认为后轮侧滑。

## ABS 试题

单选题,题目中看到关键词 ABS,答案中有力找力,无力找轻。没力没轻找急;判断题,题目中看到关键词 ABS,有缩短打(×),其余打(√)。

安装 ABS 的用力踏制动踏板,未安装 ABS 的轻踏或者间歇踩踏。

**立交桥转弯口诀:**

左后右,左转弯过桥后右转;右前右,右转弯过桥前右转。

## 灯光题:

1. 照射距离由远及近,由近及远,以低谷结尾√,其他×。

2. 灯光由远及近找坡底,由近及远找下坡。

3. 照射距离,题目中有由字,答案中找由字。

单选题中车子进入高速开左灯,离开高速开右灯,进环岛不开灯,出环岛开右灯。

## ●看到某某速记关键字口诀

题目中看到(连续行驶、中途未休息)选疲劳。

题目中看到(李某无证驾驶)选(三个李)。

题目中看到(赵某 A2)选(不)。

题目中看到(公里数超过 30)选超速。

题目中看到(逃离现场)找(右转和逃逸)。

题目中看到(乘载大于核载)选超载超员(中型客车核载 19 人)。

科目四某某题

(这里的弃,是放弃不选的意思)

张—速载—王—右逃—邹—乘客　　　　李—行动—叶—超摩—赵—不

杨—疲客—孙—停驶—吴—员酒　　　　唐—超超—钱—超超—陶—弃法

贾—弃足—杨—弃速—彭—弃速　　　　季—鸣鸣—戚—驶载

周—石—林—张—弃疲

题目中看到(90、110、4-05)不选疲劳。

题目中看到(两个 50)不选(不足)。

题目中看到(120)不选(违法停车)。

判断:陈某对,王某错。

单选:周某(A2)找不符,冉某找疲劳,佟某找超速,罗某找超速,徐某找超员,郝某找超载,周某找货车,何某找超员。

李某找超员或疲劳,邱某找远光,魏某找实线掉头,赵某找占道。

5处找5处开头。张某;三个张选斐。

(中型客车找超员,有时间选疲劳(13:10选超速),有速度、时速选超速,多选:三长四短(37.7选三个字长的答案,4.05选3个字短的答案)。

杨大选"疲""客"(姓杨的大老板穿皮夹克)。

杨小不选"超速"(姓杨的胆子小不敢超速)。

魏某(B2不选超员)、帅某全选、张某(A2不选不符)。

# 八、科目四新增多选题

题目中看到(分心驾驶)全选。

题目中看到(路怒症)全选。

题目中看到(防御性)全选。

题目中看到(雨天安全)全选。

题目中看到(客运载客)全选。

题目中看到(安全装置)全选。

题目中看到(ETC)全选。

题目中看到(未达到60)全选。

题目中看到(不得超过30)全选。

标志题看到(40)选(40慢)。

题目中看到(遇后轮爆胎)全选。

题目中看到(洒水车)不选(加速)。

题目中看到(前轮爆裂)不选(迅速)。

题目中看到(加塞错误)不选(礼让)。

题目中看到(超速错误)选(两个短)。

题目中看到(雾天驾驶)不选(远光灯)。

题目中看到(夜间驾驶)不选(闪光灯)。

题目中看到(通过窄路)不选(迅速)。

题目中看到(接打电话)不选(干扰)。

题目中看到(哪些情形关闭远光灯)全选。

标志中看到(小红色八角停)不选(蓝标)。

题目中看到(恶劣气象)不选(油耗)。

题目中看到(遇到泥泞路)全选。

题目中看到(需承担全部责任)全选。

题目中看到(需在路边停车)不选(不影响)。

图片中看到(学校)不选(加速、持续鸣喇叭)。

题目中看到(行经该路段)不选(临时停车)。

题目中看到(期满换证)不选(不需要提前)。

题目中看到(临时停车)不选(左转向灯、随意、不影响)。

题目中看到(交叉路口)不选(左让右、直行、鸣喇叭)。

题目中看到(红色大八角停)选择(两个有安全的选项)。

题目中看到(如遇横风)选择(握紧、修正)。

题目中看到(不承担赔偿)不选(超速驾驶技术)。

题目中看到(突然爆裂)不选(紧急制动)。

题目中看到(难以移动)不选(雾灯、鸣喇叭)。

题目中看到(注意)不选(加速、迅速、黄色、远光)。

题目中看到(安全)不选(加速、占道、不靠山体)。

题目中看到(陡坡)不选(加速、加挡、空挡)。

题目中看到(故障)不选(等待救援)。

题目中看到(居民区)不选(紧跟、鸣喇叭)。

题目中看到(雨天)不选(油耗、阻力)。

题目中看到(制动)不选(首先)。

题目中看到(跟车行驶)不选(左侧)。

题目中看到(停车时)不选(100米内)。

题目中看到(超车)不选(右侧、立即、长时间鸣喇叭、持续)。

题目中看到(哪种)不选(超速、路灯)。

题目中看到(哪些危害)不选(爆胎)。

题目中看到(以下哪些)不选(后视镜)。

选项中看到(直接)不选(直接)。

题目中看到(冰雪)不选(雾灯)。

题目中看到(高速行驶)不选(紧急制动)。

题目中看到(夜间会车)不选(远光灯、鸣喇叭)。

题目中看到(安全带)不选(人员)。

题目中看到(财产损失)不选(保险公司、号牌、饮酒)。

题目中看到(二次)不选(救援伤员)。

题目中看到(能见度100米)不选(应急车道、高速公路)。

题目中看到(水滑)不选(猛踏)。

题目中看到(水滑正确)不选(迅速急踏)。

题目中看到(水滑错误)选择(迅速急踏)。

题目中看到(停车错误)不选(停车场)。

题目中看到(停车正确)不选(左转向灯)。

题目中看到(自燃)不选(清水)。

题目中看到(泥泞道路)不选(加速)。

图片中看到(牛)不选(驱赶)。

题目中看到(爆胎)不选(紧急制动)。

题目中看到(哪种疾病)选择(病字部首的选项)。

题目中看到(不得超车)选择(三个正在)。

题目中看到(申请变更登记)不选(加装)。

题目中看到(信号灯交叉路口)选择(依次通过、先行)。

题目中看到(违法行为)不选(两个上路行驶)。

题目中看到(左右摆动)选择(三个可以)。

题目中看到(四个接近坡顶)选择(受阻)。

题目中看到(四个下坡路)选择(重力)。

题目中看到(三个爆胎)选(两个易)。

题目中看到(校车)不选(两条)。

题目中看到(倾翻)不选(跳车)。

题目中看到(连续倾翻)不选(等待救援)。

题目中看到(雨雪天气)不选(损害)。

题目中看到(禁止挂空挡)不选(省油)。

图片中看到(两辆公交车)全选。

图片中看到(酒)全选。

选项中看到(实习标志)全选。

题目中看到(出车、气压、胎压、倒车)全选。

题目中看到(急转弯)全选。

题目中看到(停车距离)全选。

题目中看到(停车、不正确)选(两个口)。

题目中看到(哪种)不选(超速、路灯)。

题目中看到(引起爆裂)全选。

题目中看到(刹车灯转向灯)全选。

选项中看到(公安机关)全选。

题目中看到(驶近坡道顶端)不选(加速、快速)。

题目中看到(大风沙尘)全选。

题目中看到(备胎、错误)选择(长期正常)。

题目中看到(疲劳状态)不选(低级)。

题目中看到(白天进入隧道)全选。

题目中看到(隧道群)全选。

题目中看到(轻度疲劳)选择(哈欠、眼皮)。

题目中看到(恶劣天气行车)不选(注意力)。

题目中看到(雪天车距)不选(能见度小于 200 米)。

题目中看到(发生故障难以移动)全选。

题目中看到(隧道发生火灾正确)不选(大声呼喊、车内等待)。

题目中看到(隧道、拥堵)不选(鸣喇叭、穿插)。

题目中看到(隧道行驶、控制车速)全选。

题目中看到(隧道内视觉)不选(离开隧道)。

题目中看到(会被吊销驾驶证)不选(安装报警器、饮酒后驾驶机动车)。

题目中看到(跟车较近)不选(用力加速)。

题目中看到(雪天行驶)全选。

题目中看到(积雪路面)不选(车辆急转向)。

题目中看到(颠簸路段、错误)不选(挂低挡)。

选项中看到(四个信号灯)全选。

题目中看到(学校)不选(快速、加速)。

选项中看到(自行车)不选(黄色)。

题目中看到(向左)不选(向左)。

题目中看到(雪泥)不选(力)。

题目中看到(下车)不选(下车)。

选项中看到(随意)不选(随意)。

题目中看到(山区)不选(高速)。

题目中看到(熄火)不选(立即停车)。

题目中看到(乘车人)不选(后视镜)。

题目中看到(漫水)不选(持续)。

题目中看到(正面碰撞)不选(两腿蹬直)。

题目中看到(雾天)不选(高速)。

题目中看到(避免爆胎)不选(气压)。

题目中看到(双向通行)不选(远光灯)。

题目中看到(大风天)不选(超车)。

题目中看到(强行超车)不选(减速避让)。

题目中看到(发动机舱)不选(发动机罩)。

题目中看到(手机)不选(加速休息)。

题目中看到(驼峰桥)不选(抢行)。

题目中看到(隧道不正确)选择(远光灯超车)。

题目中看到(遇行人横过道路)选择(停车让)。

题目中看到(侧滑)选择(前长后短)。

题目中看到(变道加塞)选择(引发事故、道路拥堵)。

题目中看到(易引发事故)不选(右)。

题目中看到(弯道)不选(左侧、中心、加速)。

题目中看到(怎样行驶)不选(加速、加挡、滑行、远光)。

图片中看到(雨伞)全选【有红墙除外】。

图片中看到(A车和B车)全选。

题目中看到(需要礼让)全选。

题目中看到(超车路段)全选。

题目中看到(公交车)不选(尽快)。

题目中看到(抛撒物品)不选(偶尔)。

题目中看到(直行、拥堵)不选(跟随、可以)。

题目中看到(两个延长)全选。

选项中看到(四个大货车)全选。

## 多选答题技巧归纳：

1. 答案中出现 2 个字的选项全选(如报警、倒车)。

2. 答案中有 4 个前、4 个大、4 个人、4 个确认全选。

3. 图中有 4 个人、4 条车轮印、4 个灯选 4 个答案。

4. 答案中有数字 122、数字 4、数字四都选 4 个答案。

5. 答案中有 4 个易,双引导,手机都是全选。

## 必考易错点：

1. 侧滑:有反×(前左后右),没反√。多选题:前长后短(前反后同)。

2. ABS:有急就√,没有急就×。选择题找轻或力。

3. 紧急制动:只有提到 ABS 和无可避免√,其余的都是×。

4. 交警手势判断:脸对着我们√,没有对着我们×(没有手势动作√);手势单选:答案中有停车等待选停车等待,没有就选转弯结尾的答案。

5. 校车:夹三错误一条、两条、三条在校车前√,三条在校车后×。多选题选 133(一条、三条、三条)。

6. 序号题:三个序号选①③②(联通手机号),四个序号变道找①②③④(变道一条一条地变),没有变道的选②开头的②①③④。

7. 灯光由远及近找坡底,由近及远找下坡。

8. 立交桥右转找前后,左转找后右。

9. 上下坡:下坡车让上坡车。上推下提(上班推迟下班提前)。

## 多选题：

1. 冰雪不选(雾灯)。

2. 爆胎不选(减速、靠右)。

3. 隧道火灾不选大、等(大声呼喊、等待救援)。

4. 白天的实景图全选(题目中有白天也全选)晚上实景图不选远光。

5. 题中有距离全选(安全距离、停车距离)。

6. 题中有危害全选(危害很多、很大)。

7. 行驶 4 不选(加速、加挡、空挡、远光)。

8. 注意 6 不选(加速、快速、迅速、远光灯、超车、黄色车)。

9. 安全 10 不选(加速、快速、迅速、紧急、紧跟、靠中、靠左、不靠山、鸣喇叭、人员)。

10. 故障不选 100 打电话(100 米设警告标志,坐在车内给朋友打电话)。

11. 雨天不选加、大、油(加速、阻力增大、油耗)。

12. 制动失灵失效不选(首先)。

## 判断题

1. 好事成双都对(二次,有数字 2,双,2 个箭头)是对√,只有"二级"是错✗。

2. 制动踏板:间断轻踏对√,持续踏,重踏,猛踏都是错✗。

3. 高速:提到"可"都是错的(高速上不能停车掉头,加速车道减速车道不能超车)。

4. 前对,后错(提前都是√,后开灯、后减速都错✗)。

5. 红蓝箭头:虚线搭配可以、允许;实线搭配禁止、正确。

6. 题目中出现果断、不得已、利用发动机、加速踏板、切忌、辅助、会、及时都对√。

7. 题目中出现直接、临时停车、任何(任何情况、任何时间)、长时间、随意、可不、可以不、分,都错✗。

8. 三不原则:不离开高速、不下车、不脱外套都是错✗。

9. 灯光:进环岛不用开灯,其余地方都是左进右出。交替、用近光灯都对√,远光灯都错✗。雾天开雾灯,临时停车找危险报警闪光灯。黄昏找示廓灯。

10. 着火、起火、烧伤:只有伤员用水是对√,其余地方用水都是错✗。

11. 动画题:有标志牌答对√,没标志牌答错✗。动画 456 选三种违法行为,其余选两种违法行为。

12. 标志:三角形中有动物、石头、山、自行车、一个人、感叹号都是错✗。

13. 救护:一个血,四个血答对√,2 个血答错✗。侧卧位,软担架答错✗,关节、呼吸、逃生都是对√。淡盐水对√,白开水错✗。头枕找头部。

14. 通行原则:转弯让直行,右转让左转(直、左、右)同时直行,右转先行。路口外让路口内先行。题中有 ABC 找 ABC,题中没有 ABC 倒过来找 CBA。

15. 爆炸品找爆炸,火柴找固体(方框像火柴盒子)。

16. 数字:多少米不能停车选 50 米。题中 80 公里选右,110 公里选左。

17. 必选答案:减速靠右、慢慢减速、减速停车、安全距离、挂低挡位、利用发动机、加速踏板。